改訂版

もっとやさしい起きてから寝るまで英語表現600

1日の「体の動き」「心のつぶやき」を
全部英語で言って会話力アップ!

監修：辰巳友昭　発音解説：遠山道子

Preface／はじめに

●「起き寝るシリーズ」のコンセプト

「一人で英語のスピーキング力をアップさせる」ことを目標に、朝起きてから夜寝るまでの、日常生活における動作、心のつぶやき、描写表現などを、そのまま英語に変えて“ひとりごと”として練習する―これが「起きてから寝るまでシリーズ」の基本的なコンセプトです。

おかげさまで1989年の刊行以来、「起き寝る」メソッドは広く世に受け入れられ、続編も次々に刊行され、このシリーズはベストセラーに成長しました。

●初級者の要望にこたえた「起き寝る本」

そんな中、英語学習ビギナーの方々から、「自分たちのような初級者のための『起き寝る本』が欲しい」という声をいただくようになったのです。

確かにこのシリーズのほとんどが、英文法についてはほぼマスターしていることを前提に、「こんなことを英語で言えるようになりたい」と思えるような表現を中心に制作されたものです。特に「つぶやき表現」には初級者には難しい英語フレーズも含まれています。

ビギナーの方々の要望は、「英文法の基礎がわかってきたレベルでも、丸ごと1冊、一人で楽しみながらトレーニングができる『起き寝る』本」というものでした。

そこで2010年に作られたのがこの本の前身にあたる『もっとやさしい 起きてから寝るまで英語表現600』です。このたび、時代とともに古くなった物や表現を改め、改訂版として刊行することになりました。本書は、以下のような方針で作られています。

(1) 中学2年程度の英文法レベル。

(2) (1) のレベル以上でも、覚えるのが簡単で、語句を入れ替えるだけでさまざまなことを表現できる便利な構文は取り入れる。

(3) 感情や気持ちを表すための、短くて英語らしい“丸覚え表現”をできるだけ取り入れる。

(4) 語彙レベルは特に限定せず、大人の一般的な日常生活に必要な語をカバーする。

(5) 初級者でも英語らしく読めるように、カナや記号で補助する。

英文法はだいたいマスターしていても、「英語を話すことにまったく慣れていない」という方々にもこの本はお薦めです。

本書を一通り学習した後は、日本語を聞いたら瞬時に英語が口を突いて出るようになるまで、繰り返し練習してください。英語による発信力の基本が身に付き、やがてどんどん話せるようになっている自分に出会えるでしょう。

2021年3月　アルク 出版編集部

Contents／目次

How to Use This Book ／ 本書の構成と使い方

本書全体の構成と使い方

- 朝起きてから夜寝るまで、一日の一般的な生活シーンを8章に分けています。
- それぞれの章は、「単語編」「動作表現（体の動き）」「つぶやき表現」「Quick Check（クイズ）」に分かれています。
- まずは全体を通して読んでみましょう。それから、自分の興味のある章を中心に、何度も繰り返し練習して覚えましょう。スピーキング力がみるみるつきます。

各章の構成と使い方

単語編

各章に出てくる「物」や「事」を表す単語をイラストとともに掲載。

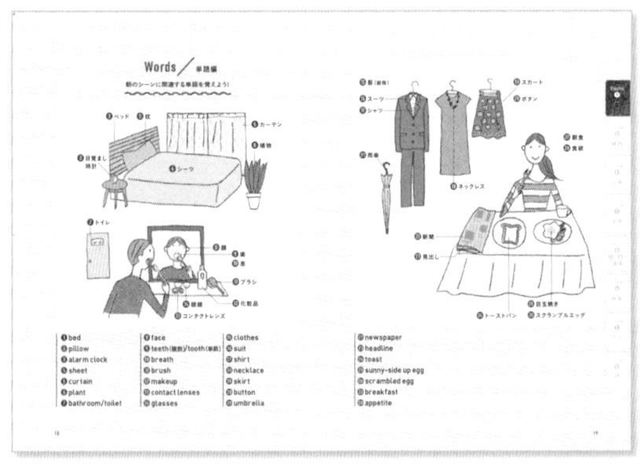

※イラスト内の日本語を英語にできるかどうか試してみましょう（解答は下の欄）。
※ここで、各章のイメージをつかみ、「つぶやき練習」前のウォームアップをしましょう。

動作表現（体の動き）

毎日の行動・行為の数々をI ~.（私は～する）の形で紹介しています。つぶやき練習の基本となるものです。中には一見簡単そうでもなかなか言えない表現もあります。

※中学初級レベル（SV、SVC、SVO）の文型がほとんどです。

※音声を聞くだけでは発音するのが難しいと思われる個所、強調するべき個所などについては、カナや記号を付けてあります。9ページの「発音表記の説明」を参考にして、少しでも音声に近づけるように、何度も口に出して練習してみましょう。

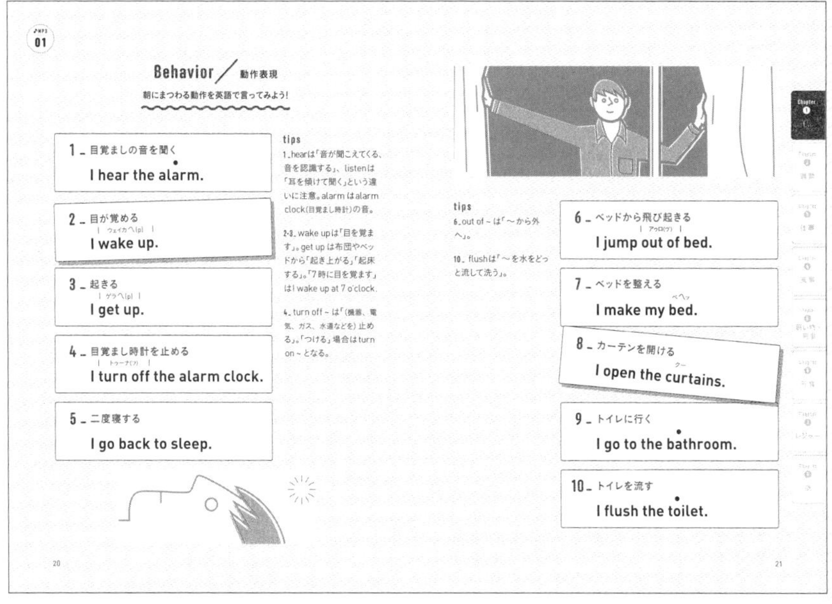

MP3 01

Behavior／動作表現

朝にまつわる動作を英語で言ってみよう！

1_目覚ましの音を聞く
I hear the alarm.

2_目が覚める
（ウェイカ∧[p]）
I wake up.

3_起きる
（ゲラ∧[p]）
I get up.

4_目覚まし時計を止める
（トゥーナ(フ)）
I turn off the alarm clock.

5_二度寝する
I go back to sleep.

tips

1_hearは「音が聞こえてくる、音を認識する」、listenは「耳を傾けて聞く」という違いに注意。alarm はalarm clock(目覚まし時計)の音。

2-3_wake upは「目を覚ます」。get up は布団やベッドから「起き上がる」「起床する」。「7時に目を覚ます」はI wake up at 7 o'clock.

4_turn off ~ は「(機器、電気、ガス、水道などを) 止める」。「つける」場合はturn on ~ となる。

tips

6_out of ~ は「～から外へ」。

10_flushは「～を水をどっと流して洗う」。

6_ベッドから飛び起きる
（アゥロ(ヴ)）
I jump out of bed.

7_ベッドを整える
（ベヘッ）
I make my bed.

8_カーテンを開ける
（クー）
I open the curtains.

9_トイレに行く
I go to the bathroom.

10_トイレを流す
I flush the toilet.

20　21

※例文の一部には、表現の理解や英語の読み方の助けとなる解説が付いています。

※音声では、本書の例文をすべて「日本語→英語」の順で録音しています。一通り学習したら、次は日本語を聞いてすぐ英語にする練習をしてみてください。

つぶやき表現

頭や心の中で考えたり感じたりしたことを英語で表現します。中学初級文法と丸覚えパターンだけで、さまざまな思考や感情を言い表せます。

※「つぶやき表現」の中には、自分の気持ちを伝える表現として会話で使えるものもたくさんあります。つぶやき練習をした後、実際に使ってみましょう。

♪MP3 02

Tweets / つぶやき表現

忙しく身支度をする朝のつぶやき

1

まだ眠いなあ。

I'm still sleepy.

stillは副詞「まだ、今でも」。

2

ああ、この枕やわらかくて気持ちいい。

Ah, this pillow is soft and comfortable.

comfortableは「快適な、心地良い」。肉体的に快適な場合にも、精神的に心地良く思える場合にも両方使える。

3

あ、時計が遅れてる!

Oh, the clock is slow!

slowは「(動作や速度が)遅い」の意味でよく使われるが、「時計が遅れている」の意味もある。「3分遅れている」は The clock is three minutes slow.。逆に「時計が進んでいる」は fastを使う。

4

もう7時だ!

It's already 7 o'clock!

o'clockは「〜時ちょうど」の場合にだけ使う。例文とは逆に「まだ7時か」と言うときは It's only 7 o'clock.。7 o'clockの発音は気持ちを込めて「ラヘ」で音を思い切り下げてみよう。

26

※見出しの和文と英文は、必ずしも直訳の関係ではありません。こんな気持ちを英語らしく言おうとするとどういう表現になるのか、という例として挙げられています。

丸覚え表現

気持ちや感情を表すために、そっくりそのままの形で使える定番フレーズをフィーチャー。そのほとんどが3語以内で、覚えやすくとても便利な英語らしい表現です。解説で使い方のコツをマスターして、会話にもどんどん生かしましょう。

間投詞

日常、思わず反射的に口から出る間投詞。15ページのリストを参照しながら、感情表現の幅を広げましょう。

入れ替え表現

語句を入れ替えれば自分のさまざまな気持ちや要望を言えるようになる便利な表現パターン。同じものが本書の中で何回か出てきます。11ページのリストを参照しながら、確実に身に付けましょう。

Quick Check

重要フレーズをちゃんと覚えられたか、各章の最後にクイズでチェックしましょう。

Dialogues P202〜

各章に出てきた表現を使った会話のモデルです。実際の会話でどう使うのか参考にして、繰り返し自分でも言ってみましょう。

英語らしくつぶやいてみよう

発音表記の説明

どうせつぶやくなら、なるべく英語らしく発音したいものです。本書では、音声を聞いただけではなかなか真似できない英語の発音について部分的にカナをふってあります。普通のカナだけでは再現できない英語らしい音声現象に関しては、以下のような記号や規則で表現してあります。必ず目を通して、つぶやき練習に活用してください。

（発音表記はアメリカ英語に基づいています。）

小さい文字	弱く早口に発音する。
●	少し伸ばして強調するつもりで言ってみる。
(p)(t)(d)	語末にこれらがついている場合は、それぞれ/p/、/t/、/d/を言うつもりで少し待つ感じ。
(　)	(　)内の音は、口の構えをして軽く息を出す程度にする。
㋜㋜㋛	日本語の「ス」「ズ」「シ」と異なり、舌をすばやく前歯の間にはさんで発音する。難しい場合は上の前歯に軽くあてるだけでよい。
◎	唇を丸めて前に突き出してから言う。英語らしく響く。
エア ベア イエ スィ	エとア、べとア、イとエ、スとイを同時に言うようなつもりで発音。
＼	音の高低を意識して発音。高い所から勢いよく下げると、英語らしく響く。
⤴⤵	語調を思い切り上げたり下げたりする。この上げ下げで文の意味が違ってくることもある。
|　|	複数の語、あるいは語の一部の読みに関し、範囲を特定している。

〈その他、発音に関する注意点〉

※ rightなど単語の最初の r は、唇を丸めて舌をどこにも付けずに巻きながらしっかり発音。

※ br、tr、dr、gr など子音と rが続く場合も、rの音を意識してしっかり発音。

※特に roller、lyricsなどの r と lが出てくる音は、音声をよく聞いて練習しよう。

学習用音声の使い方

トラック番号を確認

本書の音声はダウンロードして聞くMP3音声ファイルです。音声を聞くときは、各項目に掲載されているトラックの番号を呼び出してご利用ください。

トラックマーク

♪MP3 01 各項目に付いているこのマークの数字が、トラック番号に対応しています。

収録内容

動作表現
つぶやき表現
Dialogues

収録分数

約64分

収録言語

日本語　英語

➡すべてのフレーズが日本語と英語で収録されています。フレーズを一通り理解した後には、日本語を聞いたらすぐに英語が口を突いて出てくるようになるまで繰り返し練習しましょう。

動作表現&つぶやき表現	ページ	トラック
chapter 1	20-33	**01–02**
chapter 2	38-49	**03-04**
chapter 3	54-81	**05-06**
chapter 4	86-107	**07-08**
chapter 5	112-135	**09-10**
chapter 6	140-153	**11-12**
chapter 7	158-175	**13-14**
chapter 8	180-199	**15-16**

Dialogues	ページ	トラック
chapter 1	202-203	**17-18**
chapter 2	204-205	**19–20**
chapter 3	206-207	**21-22**
chapter 4	208-209	**23-24**
chapter 5	210-211	**25-26**
chapter 6	212-213	**27-28**
chapter 7	214-215	**29-30**
chapter 8	216-217	**31-32**

【音声のダウンロードについて】

※パソコンでダウンロードする場合
以下の URLで「アルク・ダウンロードセンター」にアクセスの上、画面の指示に従って、音声ファイルをダウンロードしてください。

URL：https://www.alc.co.jp/dl/

※スマートフォンでダウンロードする場合
以下の URLから学習用アプリ「booco」をインストールの上、ホーム画面下「探す」から本書を検索し、音声ファイルをダウンロードしてください。

URL：https://www.booco.jp/

つぶやく前に知っておきたい

お役立ち表現33

起きてから寝るまでの英語表現を実際につぶやく前に、
本書に登場する必須のお役立ち表現を知っておこう。

1 入れ替え表現 編

この本に頻繁に出てくる、語句を入れ替えるだけで話し手のさまざまな意図や感情を表せる表現を紹介。英会話にも重宝する粒よりのものばかりです。

I want to ~　~したい

何かをしたい、という気持ちをストレートに表現するときは、want to ~(動詞の原形)を使いましょう。動詞部分には、したい行動・行為の内容が入ります。「~したくない」と言いたければ、don't want to ~を使います。

● I want to swim in the sea.(海で泳ぎたい)／I don't want to swim in a pool at a hotel.(ホテルのプールでは泳ぎたくない)

I'd like to ~　~したいのですが、~したい

I want to ~の丁寧な表現がI'd like to ~です(I'd=I would)。「~したいのですが」といった感じで、wantほど直接的ではなく、やわらかい言い方になります。I'd likeの後に名詞を続けると、I want ~の丁寧表現「~が欲しいのですが」になります。

● I'd like to try the latest smartphones.(最新型のスマートフォンを試してみたいのですが)／I'd like a kid cellphone.(子ども用の携帯電話が欲しいのですが)

I like ~ing　~するのが好き

「~するのが好き」と言いたいときは、I like ~ing(動名詞)です。like to ~(動詞の原形)としても同じです。~ingもto ~(動詞の原形)も「~すること」という名詞の一種になります。「I like + 好きなこと(~ing/to ~[動詞の原形])」と覚えましょう。

● I like playing video games.／I like to play video games.(テレビゲームをするのが好き)

I hate ~ing　~するのはいやだ

何かをいやがる気持ちがとりわけ強いときに使う言葉がhateです。I hate spiders.は「私、くもは大嫌い！」。I hate ~ing(動名詞)で「~するのはいやだ、したくない」という意味になります。hate to ~(動詞の原形)としても同じです。

● I hate standing in a long line.／I hate to stand in a long line.(長い行列に並ぶのはいやだ)

I have to ~　～しなくちゃ

「～しなくちゃ」という必要性や義務感はhave to ~(動詞の原形) で表せます。義務を表す似た表現に「must ~(動詞の原形)」という言い方もありますが、会話ではよりやわらかい have to の方が好んで使われます。have to は「ハフタ」のように発音しましょう。

● I have to go home.(家に帰らなきゃ)

I should ~　～しなくちゃ、～した方がいい

should ~(動詞の原形)も have to ~と同じように必要性や義務感を表す表現です。「～すべき」というきついイメージだと思われがちですが、実際はもっとやわらかい言い方で、例えば「～した方がいいと思うよ」とアドバイスする場合などに使えます。疑問文にすると「私、～した方がいいかな?」と迷う、あるいは相談しているニュアンスになります。

● "Should I put on formal attire?"(正装した方がいいのかな?) "You should wear a jacket and tie."(上着とネクタイは着た方がいいと思うよ)

I'd better ~　～した方がいい

I'd better ~(動詞の原形) で、「～した方がいい」。I'd は I hadの短縮形で、話し言葉ではよく使われます。should や have to に比べると、必要性や義務感がやや強く、mustよりはやわらかい言い方です。なお、You had(you'd) better ~とすると、「～しなさい (さもないと困ったことになるぞ)」といった、脅迫めいたニュアンスになるので、使う場合はくれぐれも注意が必要です。

● I'd better rest. (休んだ方がよさそうだ)

I'm going to ~　～するつもりだ、～しようとしている

I'm going to ~で、未来について次の2つの意味を表します。

① 前もって考えている予定や計画を表して「～するつもりだ」。

● I'm going to buy a washing machine.(洗濯機を買うつもりなの)

② 近い未来を表して「～しようとしている」「～することになっている」。

● I'm going to have a baby next week.(来週、赤ちゃんが生まれる)

I'll ~　～しよう

未来について、「～しよう」という気持ちを表すには、I'll ~(動詞の原形) を使います。I will より短縮形のI'llをよく用います。I'm going to ~のように、前もって決めていることではなく、その時点で思いついて「～しようっと」というニュアンスです。

● I'll take it.(それ買うわ)

I think ~　～と思う

「I think + 思っていること (主語 + 動詞)」の形で表します。また、「確か～のはず」というニュアンスでも用いることができます。

● I think I can attend the meeting.(会議には出られると思う)／I think I have her business card.(確か彼女の名刺を持ってるはず)

I hope ~　～だといいな

「～だといいな」「～になったらいいな」という希望を表す表現です。「I hope + 望むこと（主語［+ will］+ 動詞）」の形です。 hope自体が未来を想像させる動詞なので、will はあってもなくてもかまいません。

●I hope she likes it.／I hope she'll like it.（彼女が気に入ってくれるといいんだけど）

I'm sure ~　きっと～だ

確信を持って「きっと～だ」と言いたいときに、「I'm sure + 確信している内容（主語 + 動詞）」の形で使います。確信している内容がこれから起こることなら、「主語 + will + 動詞の原形」になります。

● I'm sure she likes it.（きっと彼女は気に入っているわ）／I'm sure she'll like it.（きっと彼女は気に入るでしょうね）

I feel ~／I feel like ~ing　～な気分だ／～したい気分だ

feelの基本的な意味は「感じる」で、その後に形容詞などを続けて、気分や感情、体の状態を表します。また、「I feel like ~ing（動名詞）」の形で「～したい気がする」という表現になります。

● I feel good/well.（気分がいい／体調がいい）／I feel like eating something sweet.（何か甘い物が食べたい気がする）

I wonder if ~　～かなあ、～かしら

「～かなあ」「～かしら」と、頭に浮かんだ疑問について自問するときに使えるのが、この I wonder if ~です。「I wonder if + 自問する内容（主語 + 動詞）」の形で表します。

● I wonder if I can do that.（私にそれができるかしら）

I don't know how to ~　～の仕方がわからない

方法や手段がわからないことを表します。「how to ~（動詞の原形）」で「～する方法・手段」の意味になります。例えば how to explain it は「それを説明する方法」、how to go to the station は「駅への行き方」です。方法や手段を教えてほしいとそれとなく伝えることもできる便利な表現です。

● I don't know how to clean fish.（魚のさばき方ってわからないのよね）

I forgot to ~　～するのを忘れた

「～するの忘れた！」とつぶやきたいときにぴったりの表現です。forgotはforget（忘れる）の過去形で、toの後ろは必ず動詞の原形がきます。「～したこと（過去の事実）を忘れる」という意味ではなく、「すること（すべきこと）を忘れる」という意味になる点に注意しましょう。

● Oops, I forgot to bring in the laundry.（しまった、洗濯物取り込むの忘れてた！）

I used to ~　以前は～していたものだった

I used to ~(動詞の原形)は、過去を振り返って「(今はしないけど)以前は～したものだったなあ」と懐かしんだりするときにつぶやく言い方です。

● **I used to use a word processor.** (前はワープロを使ってたなあ[←今はもう使わない])

There is (are) ~　～がいる、～がある

「～がいる[ある]」と、何かの存在を表すときに使える表現です。「存在するもの」(固有名詞やthe／所有格付きの名詞は含まれない)が単数の場合はThere is、複数の場合はThere are となります。このフレーズの文に場所を表す語句を続ければ、表現の幅がぐっと広がります。過去の話だとisはwasに、areはwereになります。

● **There is a convenience store on the corner.** (そこの角にコンビニがある)／**There were many reporters.** (報道陣が大勢つめかけていた)

It's ~ to ...　…するのは～だ

「It's ~(名詞／形容詞など) to ...(動詞の原形)」の形で使います。it は to 以下の「…すること」を表します。本書に出てくるのが「It's a pain to ...(動詞の原形)」。pain はここでは「不愉快なこと・物」といった意味で、「…は面倒くさいなあ」とつぶやくときの表現です。

● **It's difficult to pass the examination.** (試験に通るのは難しい) ／ **It's a pain to cook every day.** (毎日料理するなんて面倒だ)

look ~／look like ~　～のように見える／～に似ている

... look ~(形容詞など)は、「…が～らしい、～のように見える」と言うときの表現です。外観・様子から判断できることについて用い、話し言葉で「～っぽい」「～みたい」と言うときに使えます。また、「... look like ~(名詞)」の形で「～に似ている、～に見える」という表現もよく使います。なお、このlikeは前置詞であり、「好き」という意味の動詞ではありません。

● **This meat looks rotten.** (この肉、腐ってるみたいだ)／**He looks like his father.** (彼は父親に似ている)

won't ~　～しようとしない

「won't(will notの短縮形) ~」は「～しないだろう」のほかに、場合によっては「どうしても～しようとしない」と、主語が何かを強く拒否している様子を表します。無生物(人以外)が主語になることの多い表現です。いらいらやもどかしさの感情が伴います。

● **The PC won't recognize this CD-ROM.** (パソコンがこのCD-ROMを認識してくれない)

... need ~ing　…は～する必要がある

「... need ~ing」で「…(人や物)は～される必要がある」という意味になります。~ing(動名詞)が受け身の意味になるところが、この表現のポイントです。

● **This shirt needs washing.** (このシャツは洗う[洗われる]必要があります)

❷ 間投詞編

感動したり驚いたり、あるいは怒ったりしたときに思わず口から出る「間投詞」。これらを効果的に使えば、より豊かな感情表現ができるようになります。

oh [オゥ] おお、おや、まあ、あれ

Oh, the clock is slow! (あ、時計が遅れてる!)

最もよく使われる間投詞。言い方によって、驚きや悲しみ、喜び、感動などさまざまな感情を表現します。思わず口を突いて出る場合もあれば、意図的に言う場合も。また、Oh, no! (キャアー、しまった!)、Oh, good! (やった!)、Oh my gosh! (何てことだ!信じられない!) など、ほかの語と組み合わせたさまざまな感嘆表現があります。

ah／ahh [アァ] ああ、あれ、やっぱり、えーと

Ah, this pillow is soft and comfortable.
(ああ、この枕やわらかくて気持ちいい)

満足、安心、悲しみ、驚き、理解、苦痛などの感情を表します。また、何かを言いづらいときに「えーと」「あのー」とためらいを表すのにも使われます。イントネーションは通常下降調です。

wow [ワゥ] おや、すげえ、うわあ

Wow! This coffee is too hot!(うわっ!　コーヒー熱過ぎ!)

驚き、喜び、嫌悪感、苦痛などを表す表現。多くの場合、不意を突かれて鋭く叫ぶように口にします。イントネーションは通常下降調です。

oops [ウプス、ウープス] しまった、おっと、いけね

Oops, my computer has shut down! (おっと、パソコンが落ちちゃった!)

間違いを犯したときに驚きや狼狽、残念な気持ち、軽い謝罪を示す表現。あわてているニュアンスが強いです。

jeez/gee [ジーズ/ジー] まあー、しまった、やれやれ、ちぇっ

Jeez. My account is overdrawn.(うわ、残高マイナスだ)

驚き、失敗したときの落胆、喜び、称賛などを示します。oopsよりは軽い感じ。Jesus(ちくしょう)[ジーザス]の婉曲表現で、この音からjeez/geeとなったものです。

uh-oh ［アッオゥ］ あーあ、いやはや、こりゃ困った

Uh-oh, an old lady is standing in front of me.
<電車で座っているときに>（あ、おばあさんが前に立ってる）
失敗したり落胆したりしたときなどに、反省や失望を示すために口を突いて出る言葉。イントネーションは通常下降調です。

hey ［ヘィ］ おや、ちょっと、おい

Hey, he left all his green peppers again!
（おい、あの子またピーマン残してるよ！）
呼びつけたり、注意喚起したり、当惑、驚き、喜びなどを示したりするときに口にする言葉。カジュアルで、男性が口にすることが多い表現です。言い方によっては失礼になるので、注意が必要。

yuck ［ヤック］ げっ、おえっ、うえー

Yuck! It's really bitter!（うっ！ 苦い！）
不快や嫌悪感のあまり口を突いて出る言葉。形容詞の yucky（きわめて不快な、吐き気をもよおさせる）から派生したものです。

whew ［ヒュー］ フーッ、やれやれ

Whew! I made it!（フーッ！ 間に合った！）
何とか間に合ったとき、目標を達成したときなどに、安堵感、喜び、驚き、疲労感から口を突いて出る言葉です。

well ［ウエゥ］ さあ、さて、なるほど、おや

Well, I'm almost at the office.（さあ、もう少しで会社だ）
安堵感、驚き、非難、話の切り替え、ためらい、同意など、言い方やイントネーションによって、さまざまなニュアンスを帯びる言葉。例文のように反射的に出る場合と、意図的に口にする場合があります。

hmm ［ハム］ ふーむ、ふーん

Hmm... Not bad.（うーむ、悪くないわね）
思案、ちゅうちょ、疑い、不同意、感嘆などを表す、時に意図的に口にする言葉。

Chapter 1

In the Morning ／ 朝

朝、目覚ましの音で目覚めてから
身じたくをし、家を出るまでの、
行動や気持ちに関する表現です。
改めて意識すると、
朝の限られた時間の中で
私たちはとてもたくさんのことをこなしています。

Words / 単語編

朝のシーンに関連する単語を覚えよう!

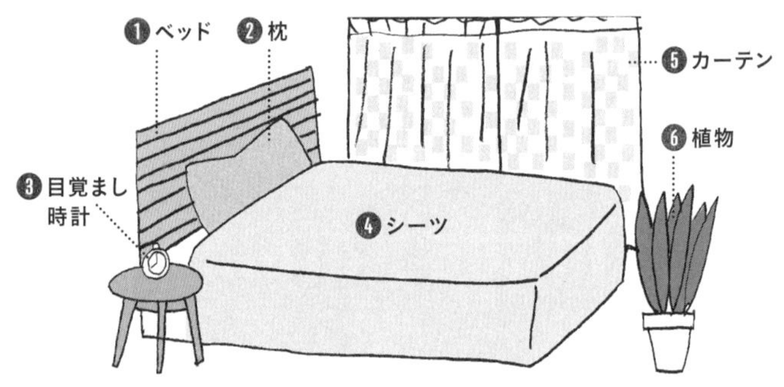

❶ bed
❷ pillow
❸ alarm clock
❹ sheet
❺ curtain
❻ plant
❼ bathroom/toilet

❽ face
❾ teeth(複数)/tooth(単数)
❿ breath
⓫ brush
⓬ makeup
⓭ contact lenses
⓮ glasses

⓯ clothes
⓰ suit
⓱ shirt
⓲ necklace
⓳ skirt
⓴ button
㉑ umbrella

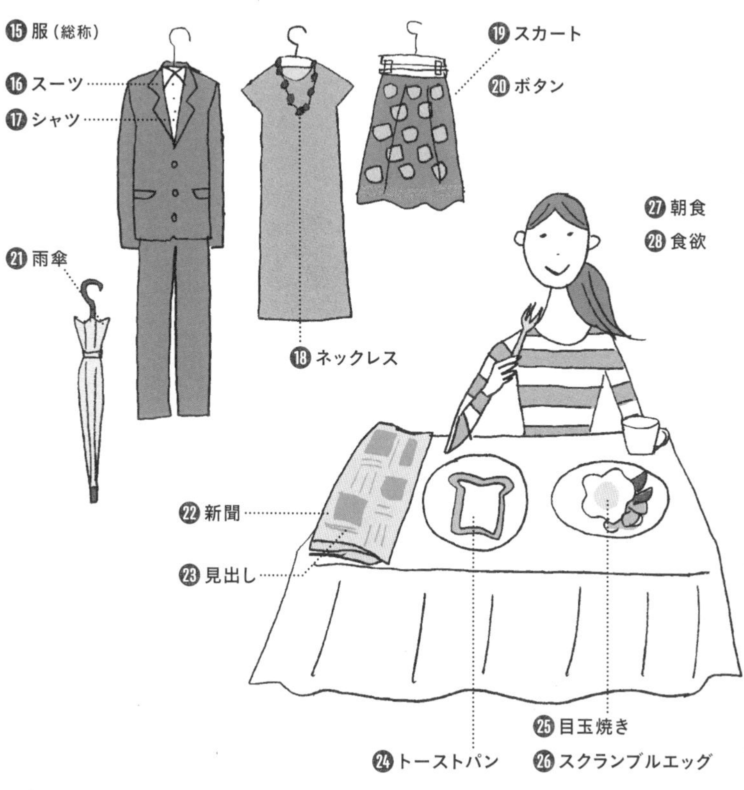

㉒ newspaper
㉓ headline
㉔ toast
㉕ sunny-side up egg
㉖ scrambled egg
㉗ breakfast
㉘ appetite

♪MP3 01

Behavior / 動作表現

朝にまつわる動作を英語で言ってみよう!

1_ 目覚ましの音を聞く

I hear the alarm.

2_ 目が覚める

ウェイカへ(p)

I wake up.

3_ 起きる

ゲラへ(p)

I get up.

4_ 目覚まし時計を止める

トゥーナ(フ)

I turn off the alarm clock.

5_ 二度寝する

I go back to sleep.

tips

1_hearは「音が聞こえてくる、音を認識する」、listenは「耳を傾けて聞く」という違いに注意。alarm はalarm clock(目覚まし時計)の音。

2-3_wake upは「目を覚ます」。get up は布団やベッドから「起き上がる」「起床する」。「7時に目を覚ます」はI wake up at 7 o'clock.

4_turn off ~ は「(機器、電気、ガス、水道などを)止める」。「つける」場合はturn on ~ となる。

Chapter 1 朝

Chapter 2 通勤

Chapter 3 仕事

Chapter 4 家事

Chapter 5 買い物・用事

Chapter 6 外食

Chapter 7 レジャー

Chapter 8 夜

tips

6_out of ~ は「～から外へ」。

10_ flushは「～を水をどっと流して洗う」。

6_ ベッドから飛び起きる

アウロ(ヴ)

I jump out of bed.

7_ ベッドを整える

べヘッ

I make my bed.

8_ カーテンを開ける

クー

I open the curtains.

9_ トイレに行く

I go to the bathroom.

10_ トイレを流す

I flush the toilet.

♪MP3 01

11_ シャワーを浴びる

| テイカ |

I take a shower.

12_ 顔を洗う

ワシュ

I wash my face.

13_ 歯を磨く

ティへ㋜

I brush my teeth.

14_ 髪にブラシをかける

I brush my hair.

15_ 髪をセットする

I set my hair.

tips

11_「お風呂に入る」も、takeを使ってtake a bathと言う。

13-14_ ブラシをかけたり磨いたりする場合は、brushを動詞として使う。
例）I brush my shoes.（靴を磨く）

15_ 広い意味で「髪を整える、髪の手入れをする」と言う場合は、I do my hair.となる。

tips

16-17-18_ put on ~ の～には、例文のほかgloves(手袋)、hat(帽子)、glasses(眼鏡)など身に着けるいろいろな物の名前が入る。
なお、ここでのsuitは「ひと揃いの服」のこと。

20_ skimは「～を飛ばし読みする」。headlineは「新聞・雑誌の見出し」。

16_ 服を着る

| プロン |

I put on my suit.

17_ コンタクトレンズを入れる

カンタ(ク)

I put on my contact lenses.

18_ お化粧する

メイカ ヘ(p)

I put on my makeup.

19_ 新聞を読む

ペイ

I read the newspaper.

20_ 新聞の見出しをざっと読む

I skim the newspaper headlines.

Chapter 1 朝
Chapter 2 通勤
Chapter 3 仕事
Chapter 4 家事
Chapter 5 買い物・用事
Chapter 6 外食
Chapter 7 レジャー
Chapter 8 夜

♪MP3 01

21_ 運動をする

I exercise.

22_ コーヒーをいれる

メイカーフィ

I make coffee.

23_ トースターでパンを焼く

トウ(スト)

I make toast.

24_ 家族と朝食をとる

ブレ(ク)ファ(スト)　ウィ㊡

I have breakfast with my family.

25_ 朝食を抜く

I skip breakfast.

tips

21_ exercise で「運動する」。exercise は名詞としても使える。例) I do my exercises. (運動する)

22-23_「食事などを準備する」はmakeで表せる。例) make breakfast (朝食を用意する)

25_ skip は「～を飛ばす、抜かす」。例) skip a page (1ページ抜かす)

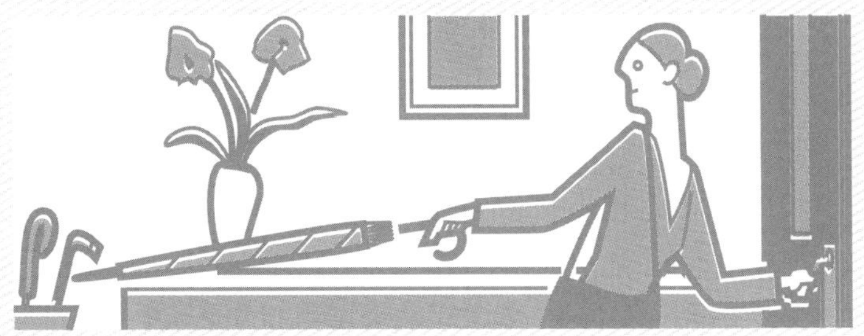

tips

26_ water は「(動植物に)水をやる」の意味の動詞にもなる。

27_ feedは「〜にえさを与える、扶養する」。

29_ lock up ~は「〜に(しっかり)鍵をかける」。

26_ 植物に水をやる

I water the plants.（water: ワーラー）

27_ 猫にえさをやる

I feed the cat.

28_ ガスの元栓を閉める

I turn off the gas.（gas: ゲァ(ス)）

29_ 戸締まりをする

I lock up the house.

30_ 傘を持って行く

I take my umbrella.

Chapter 1 朝
Chapter 2 通勤
Chapter 3 仕事
Chapter 4 家事
Chapter 5 買い物 用事
Chapter 6 外食
Chapter 7 レジャー
Chapter 8 夜

♪MP3 02

Tweets
つぶやき表現
忙しく身支度をする朝のつぶやき

1

まだ眠いなあ。

スティウ

I'm still sleepy.

stillは副詞「まだ、今でも」。

2

ああ、この枕やわらかくて気持ちいい。

サァ(フ)テン

Ah, this pillow is soft and comfortable.

comfortableは「快適な、心地良い」。肉体的に快適な場合にも、精神的に心地良く思える場合にも両方使える。

3

あ、時計が遅れてる!

Oh, the clock is slow!

slowは「(動作や速度が) 遅い」の意味でよく使われるが、「時計が遅れている」の意味もある。「3分遅れている」はThe clock is three minutes slow.。逆に「時計が進んでいる」はfastを使う。

もう7時だ!

セヴナクラへ(ク)

It's already 7 o'clock!

o'clockは「～時ちょうど」の場合にだけ使う。例文とは逆に「まだ7時か」と言うときはIt's only 7 o'clock.。7 o'clockの発音は気持ちを込めて「ラへ」で音を思い切り下げてみよう。

5

しまった、寝過ごした!

Oh my gosh! I overslept!

丸覚え表現 **I overslept.** (寝過ごしちゃった)

overslept は oversleep (うっかり寝過ごす)の過去形。親しい間柄で「どうして遅れたの?」「今朝はひどい顔してるね」などと言われたときに I overslept. (寝過ごしちゃって) と一言で答えられる。日常よく使う表現。

Oh my gosh! は驚きや不快感を表す表現。もともとは Oh my god. だが、軽々しく god (神) と言わないための婉曲表現。

6

朝型人間じゃないんだよねえ。

ナヘラ

I'm not a morning person.

早起きで寝起きが良く、朝に強い人を morning personと言う。「夜型人間」は night person。

7

シーツ取り替えなきゃ。

I need to change the sheets.

I need to + ~ (動詞の原形) は、「～する必要がある」。must ~、have to ~ (～しなければならない) を使うとより義務的なニュアンスになる。

8

どうやら二日酔いみたい。

I think I have a hangover.

入れ替え表現 I think ~ （～と思う） ➡ p12参照
hangoverは「二日酔い」。have a hangoverは「二日酔いの状態である」。

9

ああ、めまいがするよ。

Ahh, I feel dizzy.

入れ替え表現 I feel ~ （～な気分だ） ➡ p13参照
dizzyは二日酔いや睡眠不足、暑さなどで「めまいがする、ふらふらする」。精神的に当惑したりするときにも使う。

うえー、息が臭い。

Oh, my breath is awful.

awfulは「ひどい」「不快な」。terribleに置き換えられる。

11

晴れてるといいなあ。

I hope it's sunny.

入れ替え表現 I hope ~ （～だといいな） ➡ p13参照
天候を表すときは、It's ~ を使う。sunnyは sun（太陽）の形容詞で、「晴れわたった、明るく日が差した」。

12

いい天気だ!

It's a beautiful day!

実際に晴れわたったときに「さわやかないい天気だなあ」という思いで口にする表現。「いいお天気ですね」というあいさつにもなる。beautifulの語頭の発音「ビュー」に気持ちを込めよう。

13

やだ、また雨だよ!

Oh, no. It's raining again!

again（再び）を添えると、「またか」といううんざりしたニュアンスになる。「雪が降っている」はIt's snowing.、「曇っている」はIt's cloudy.。

14

今朝は寒いなあ。

コゥ

It's cold this morning.

「涼しい」はcool、coolとcoldの間の「うすら寒い」はchillyと言う。

15

まだ外は暗いよ。

ダーカゥ(t)

It's still dark out.

out（外で、外に、外へ）は副詞。darkの反対はlight（明るい）。

16

トイレがふさがってる～。

Someone is in the bathroom.

直訳すると「だれかがお手洗いの中にいる」。駅やデパートや映画館など公共施設の「トイレ」は restroom。

17

<ヒゲをそりながら>いたっ！　切っちゃった。

Ouch! I cut myself.

Ouch! は「痛い！」。cut myselfで「自分の身を切る」。cutは現在形も過去形も同じ形。ここでは過去形。Ouch! はアからウにかけて音を思い切り下げてみよう。

お気に入りのネックレスはどこかしら?

Where is my favorite necklace?

favorite には「大のお気に入りの」「最も好きな」のニュアンスがある。同じ形で名詞としても使い、「大好きなもの」の意味になる。

19

今日の私、キマッてる!

I look perfect today!

入れ替え表現 look ~（～のように見える）➡ p14参照
この場合、perfect（完璧な）は、その人の主観に応じて neat（きちんとした）、elegant（優雅な）、cute（かわいい）などほかの形容詞に置き換えられる。

20

このシャツ、シワシワだ。

This shirt is wrinkled.

wrinkledは「しわの寄った」。衣類、布類だけでなく、顔や体にも使う。
例）a wrinkled face（しわの寄った顔）／wrinkled lips（しわの寄った唇）

21

このスカートきついわ。

This skirt feels tight.

（物）+ feel + ~（形容詞）は、「（物が）～な感触がする」。
例）Velvet feels soft.（ベルベットは手触りが柔らかい）

あれ、ボタンが一つない。

Oh, a button is missing.

missingは「あるべき所にない」「紛失した」「欠けている」。buttonとボタンはまったく違う発音なので、よく聞いてまねしてみよう。

23

コーヒー飲みたいな。

ワナ

I want a cup of coffee.

a cup of ~ は「一杯の～」。I want some coffee. もよく使う。

♪MP3 02

24

うわっ！　コーヒー熱過ぎ！

Wow! This coffee is too hot!

tooは形容詞や副詞の前につけて「あまりに～過ぎる」。例）This skirt feels too tight.（このスカートきつ過ぎる）／Don't drive too fast.（車のスピード出し過ぎないでね）

25

目玉焼きよりスクランブルエッグがいい。

サイダ(ブ)

I prefer scrambled eggs to sunny-side up eggs.

prefer ~ to ... で「…より～の方が好きだ」。I like ~ better than ... とも言える。sunny-side up eggは「片面だけ焼いた目玉焼き」。

26

全然食欲ないよ。

I have no appetite.

appetiteは「食欲」。「食欲旺盛だ」は have a big appetite。have no ~ は「～が全然ない」。例）I have no money.（お金がまったくない）

27

猫のエサの皿が空っぽだ。

The cat's dish is empty.

emptyは「（容器、乗り物、家などが）空の、空いている」。

28

何か面白いニュースあるかな?

Any interesting news?

Is there any interesting news?（何か面白いニュースある?）の略。Is thereがなくても語尾の調子を上げて読むだけで疑問の意味になる。

29

やったー!　夕べはジャイアンツが勝った。

ラースナイ

Oh, good! The Giants won last night.

Oh, good!は「いいね!、やった!」。wonは win（勝つ）の過去形。「2対1で勝った」は The Giants won 2 to 1.となる。「負ける」は lose、過去形は lost。

ガスの元せんしめたかな。

I wonder if I turned off the gas.

入れ替え表現 I wonder if ~（～かなあ、～かしら） **➡ p13参照**

turn off ~は「（電気やガスなどを）消す」。「～をつける」は turn on ~。

Quick Check / Chapter1に出てきたフレーズの復習

以下の日本語の意味になるよう英文を完成させてください。答えはページの下にあります。

❶まだ眠いなあ。 ➡P026
I'm (　　)(　　).

❷目覚まし時計を止める。 ➡P020
I (　　)(　　) the (　　)(　　).

❸朝型人間じゃないんだよねえ。 ➡P027
I'm not a (　　)(　　).

❹トイレに行く。 ➡P021
I go to the (　　).

❺いい天気だ! ➡P029
It's a (　　)(　　)!

❻お化粧する。 ➡P023
I (　　)(　　) my (　　).

❼コーヒーをいれる。 ➡P024
I (　　)(　　).

❽朝食を抜く。 ➡P024
I (　　)(　　).

❾戸締まりをする。 ➡P025
I (　　)(　　) the house.

❿ガスの元せんしめたかな。 ➡P033
I (　　)(　　) I (　　)(　　) the gas.

❶still / sleepy
❷turn / off / alarm / clock
❸morning / person
❹bathroom
❺beautiful / day
❻put / on / makeup
❼make / coffee
❽skip / breakfast
❾lock / up
❿wonder / if / turned / off

Chapter 2

Commuting
／
通勤

家を出て、職場に着くまでの通勤の関連表現です。
駅の改札を通って込んだ電車に揺られながら、
あるいは自動車に乗って渋滞にうんざりしつつ
勤め先に向かう道のり。
一見単調ですが、ちょっとしたアクシデントや
ドラマが生まれたりもするひとときです。

Words ／ 単語編

通勤のシーンに関連する単語を覚えよう!

❶line
❷station
❸stop
❹stairs
❺train
❻platform
❼newsstand
❽ticket machine
❾train pass
❿smart card

⓫ local train
⓬ express (train)
⓭ ad
⓮ rack
⓯ seat
⓰ shoes
⓱ light
⓲ crosswalk
⓳ bicycle/bike
⓴ motorcycle
㉑ engine
㉒ brakes
㉓ seat belt
㉔ traffic jam
㉕ parking lot
㉖ neighbor

♪MP3 03

Behavior／動作表現

通勤にまつわる動作を英語で言ってみよう！

1＿靴をはく

プロン

I put on my shoes.

2＿家を出る

(ヴ)

I leave the house.

3＿急いで家を出る

アウロ(ヴ)

I rush out of the house.

4＿近所の人にあいさつする

ハロウ

I say hello to my neighbor.

5＿仕事に行く

I go to work.

6＿駅まで歩いて行く

I walk to the train station.

tips

2＿leaveは「(ある場所を)離れる、去る」。

3＿rushは「急いで行く」。out of ~ は「～から外へ」。

4＿say hello to ~ は「～にあいさつする」。「ご家族によろしくお伝えください」なら、Say hello to your family. と言う。

tips

7_「横断歩道」はcrosswalk。直訳は「横断歩道で渡る」となる。

8_wait for ~ は「～を待つ」。light(光)には「信号」の意味もある。

9_rideは「(自転車やバイクに)乗る、乗って進む」。

10_ pedalは「～のペダルを踏む」。bikeは「自転車」であることに注意。

7_ 横断歩道を渡る

I cross at the crosswalk.

8_ 信号が変わるのを待つ

I wait for the light.

9_ 自転車に乗って駅まで行く

バイ[スィ]コウ

I ride my bicycle to the station.

10_ 自転車をこぐ

ペドゥ

I pedal my bike.

♪MP3 03

11_ 売店で新聞を買う

I buy a newspaper

ニューステン(d)

at the newsstand.

12_ ICカードをチャージする

I charge my smart card.

13_ 自動改札に定期券をかざす

I hold my train pass over the ticket sensor.

14_ プラットホームで電車を待つ

I wait for the train on the platform.

tips

11_ newsstandは「(駅や路上の) 新聞・雑誌売り場、売店」。

12_ smart cardで「ICカード」。

13_ 「(電車の) 定期券」はtrain pass。ticket sensorは「自動改札」を指す。

tips

15_ get on ~ は「(バスや電車など公共機関に) 乗る」。

16_ look for ~ は「～を探す」。

17_ oldはオールドでなく「オゥ」に軽く /d/ を添えるつもりで。

18_ rackは /r/ をしっかりと発音。くちびるを丸め、舌先をどこにもつけないで。

20_ 乗り換える場合、複数の電車がかかわるのでtrainsと複数になる。

15_ 電車に乗る

ゲロン

I get on the train.

16_ 席を探す

I look for a seat.

17_ おばあさんに席を譲る

レイディ

I give my seat to an old lady.

18_ 網棚にかばんを載せる

I put my bag on the rack.

19_ 車内広告を見る

ルキアッ

I look at an ad on the train.

20_ 電車を乗り換える

チェイン(ジ)

I change trains.

♪MP3 03

21_ 別の線に乗り換える

I change to another line.

22_ 駅で降り損ねる

スタヘ(p)

I miss my stop.

23_ いつもの駅で電車を降りる

| ゲロ(フ) |

I get off the train at my stop.

24_ 車で仕事に行く

(ヴ)

I drive to work.

25_ 安全運転をする

|セイ|

I drive safely.

tips

22_ miss は「～に乗り遅れる、～で降り損ねる」。

23_ get off ~ は「(乗り物などから) 降りる」。

24_ work には「職場」の意味も。a や the など冠詞はつかない。

Chapter 1 朝
Chapter 2 通勤
Chapter 3 仕事
Chapter 4 家事
Chapter 5 買い物・用事
Chapter 6 外食
Chapter 7 レジャー
Chapter 8 夜

tips

27_ fasten は「～をしっかり固定する」。tは発音しない。

28_ speed up は「加速する、スピードアップする」。「スピードダウンする」は speed down (×)ではなく、slow down。

29_「バイク」は motorcycle。bike は「自転車」。

30_ park は「～を止める」、lot は「一区画、土地、敷地」。

26_ エンジンをかける

I start the engine.

27_ シートベルトを締める

I fasten my seat belt.

28_ スピードを上げる

スピィダ ヘ(p)

I speed up.

29_ バイクを追い抜く

モゥラ

I pass a motorcycle.

30_ 職場の駐車場に車を止める

イナ

I park my car in the parking lot at work.

♪MP3 04

慌ただしい通勤中のつぶやき

1

雨の中、歩くのはいやだなあ。

I don’t like walking in the rain.

入れ替え表現 like ~ing（～するのが好き）➡ p11参照
don’t like ~ingは hate ~ing（～するのはいやだ）よりはやや弱い表現。「雪の中を」は in the snow、「嵐の中を」は in the storm。

階段を上るのはいやだなあ。

ヘイ(t)
I hate climbing the stairs.

入れ替え表現 hate ~ing（～するのはいやだ）➡ p11参照
climbは「（手や足を使って苦労して）上る」。エレベーターやエスカレーターで上に昇る場合は go upを使う。climb downで「下りる」。stairは「（階段の）一段」、複数形の stairsで「階段」となる。

3

<階段を上りながら>これ、疲れるなあ。

This is tiring.

tiringは「（仕事や運動などが人を）疲れさせる」。This isにそんな気持ちを込めて言おう。自分が「疲れた」場合は tiredを使う。例）I’m tired.（疲れた）

この券売機、故障してる。

アウロ(ヴ)
Oh, this ticket machine is out of order.

out of orderは「（施設や機器などが）不具合で、故障して」。

5

うそっ、違う電車に乗っちゃった!

No way! I got on the wrong train.

丸覚え表現 **No way!** (うそ!)
「まさか!」「絶対だめ!」「何てばかなことを!」「そんなー」など、信じがたい出来事への驚き、強い拒否、不信感などを表す言葉。例文は、「まさか!」という驚きの気持ち。

wrongは「誤った、間違った」。wは発音しない。

6

あ、定期、明日切れちゃう。

Oh, my pass expires tomorrow.

「電車の定期券」なら train pass。expireは「(契約、カードなどが)期限切れになる、満期で失効する」。

7

ICカードをチャージしなくちゃ。

ハフタ

I have to top up my smart card.

入れ替え表現 have to ~ (~しなくちゃ) ➡ p12参照
top up ~は「~を上限まで補給する」。top up the gas tankなら「ガソリンタンクを満タンにする」。

8

あー、もうちょっとのところで乗り遅れちゃった。

Oh, I just missed it.

just は副詞で「ちょうど今～（したばかり）」。この justに気持ちを込めて長めに発音。missは「～に乗り遅れる」「～をとらえそこなう」。「間に合った」場合は I made it! (p64❶参照)。

9

うぇー、込んでる電車に乗るのやだなあ。

ヘイ(t)

Yuck! I hate riding on crowded trains.

間投詞 Yuck!（うぇー）➡ p16参照

hate ~ingは「～するのはいやだ」。電車に「乗り込む」は get on the trainだが、「乗って行く」は ride on the train。crowdedは「込んでいる」。

10

各停に乗っていこうかな？　いやだめだ、遅刻しちゃうよ。

ロゥコゥ

Should I take the local train? Bad idea, I'll be late.

丸覚え表現 Bad idea.（それはまずい考えだ）

何かの思いつきや提案を「だめだな」と一言で否定する語。反対に「いい案だ」は Good idea.。例）"What do you think?"（どう思う？）　"Well ... bad idea."（うーん、だめだね）

入れ替え表現 I should ~（～した方がいい）➡ p12参照

take a train は「電車を利用する、電車で行く」。local trainは「各駅停車列車、普通列車」。「快速」は rapid train、「急行」は express train。lateは「遅れて、遅刻して」。

11

助けて!　息ができない!

ズ

Help! I can't breathe!

breatheは「呼吸する」。発音に注意。

電車の中が蒸し暑い。

It's stuffy inside the train.

stuffyは「(空間、部屋などが) 風通しが悪くてむっとする、蒸し暑い」。気持ちを込めて発音しよう。inside (～の中で) は囲まれた小さな空間の場合に使う。

13

あ、おばあさんが前に立ってる。

レイディ

Oh, an old lady is standing in front of me.

in front of ~ は「～の真ん前で」。ladyは「レディ」ではなく「レイディ」。

このバスの運転手、運転が乱暴だ。

The bus driver is driving recklessly.

recklesslyは「向こう見ずに、無謀に、乱暴に」。

♪MP3 04

15

降りまーす!

Excuse me!

丸覚え表現 ▶ **Excuse me!** (降りまーす!)
話しかけたり中座したりするときの「すみませんが」、謝るときの「失礼しました」だが、電車やエレベーターを降りるときにちょっと声を張ってこう言うと「降りまーす」の意味になり、周囲の人が道を開けてくれる。

渋滞がひどいなあ。

ヴィ

The traffic is heavy.

traffic は「交通」「交通量」。ここでは後者を指す。「交通量がヘビーだ」＝「渋滞がひどい」となる。「交通量が少ない」は The traffic is light.。

朝の渋滞、やだなあ。

I hate morning traffic jams.

「交通渋滞」は jam（詰まること、混雑）を使って traffic jam と言う。

エンジンがなかなかかからないよ。

ウォウン

The engine won't start.

入れ替え表現 won't ~（～しようとしない）➡ p14参照
「エンジンがかかる」は The engine starts.、「エンジンをかける」は start the engine。

19

なんだかブレーキがききにくいみたい。

The brakes don't feel like they're working very well.

ブレーキは brakesと複数で使う。brakesの /r/はくちびるを丸めて発音。work は「(機械などが) 機能する、作動する」。not ~ very wellは「あまり～でない」。

20

どこに車止められるかな?

キャナイ

Where can I park?

parkだけでも「駐車する、車を止める」の意味になる。

21

さあ、もう少しで会社だ。

Well, I'm almost at the office.

I'm at the office. (会社にいる) に副詞 almost (ほとんど、もう少しで) を加えて「会社に着いたも同然」のニュアンスとなる。試合などで、「あとちょっとで～だったのに」「残念だったね!」という意味で、You were almost there! と言うことがある。

Quick Check ／ Chapter2に出てきたフレーズの復習

以下の日本語の意味になるよう英文を完成させてください。答えはページの下にあります。

❶家を出る。 ➡P038
I (　　　) the house.

❷自転車に乗って駅まで行く。 ➡P039
I (　　　) (　　　) (　　　) to the station.

❸電車に乗る。 ➡P041
I (　　　) (　　　) the train.

❹あー、もうちょっとのところで乗り遅れちゃった。 ➡P046
Oh, I (　　　) (　　　) it.

❺別の線に乗り換える。 ➡P042
I (　　　) to (　　　) (　　　).

❻降りまーす! ➡P048
(　　　) (　　　)!

❼車で仕事に行く。 ➡P042
I (　　　) (　　　) (　　　).

❽エンジンをかける。 ➡P043
I (　　　) the (　　　).

❾渋滞がひどいなあ。 ➡P048
The (　　　) is (　　　).

❿ICカードをチャージしなくちゃ。 ➡P045
I have to (　　　) (　　　) my (　　　) (　　　).

❶leave
❷ride/my/bicycle
❸get/on
❹just/missed
❺change/another/line
❻Excuse/me
❼drive/to/work
❽start/engine
❾traffic/heavy
❿top/up/smart/card

Chapter 3

Working at the Office

/

仕事

起きている間は、オフィスで過ごす時間が
最も長い、という人もけっこういるのでは?
細かい事務仕事をしたり、会議でやり合ったり
クライアントと交渉したり。
あるいは、オフィス内の人間関係にもまれたり。
やることも考えることも多いですよね。

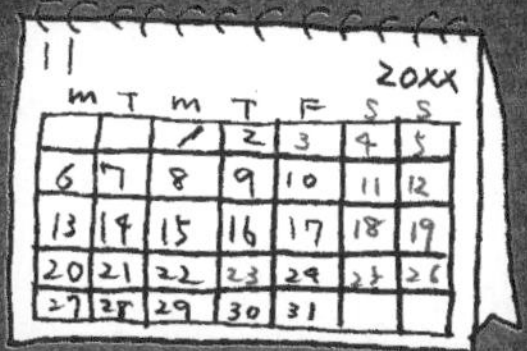

Words／単語編

仕事のシーンに関連する単語を覚えよう!

❶ job
❷ assignment
❸ manager
❹ call
❺ line
❻ phone/telephone
❼ copier
❽ coworker
❾ desk drawer
❿ (new) recruit
⓫ computer
⓬ software application

⑬ proposal
⑭ project
⑮ presentation
⑯ boss
⑰ assistant
⑱ day off / holiday
⑲ break

⑳ bill
㉑ budget
㉒ expenses
㉓ payday
㉔ paycheck
㉕ client
㉖ business card

㉗ document
㉘ contract
㉙ consumer

♪MP3 05

Behavior ／ 動作表現

仕事にまつわる動作を英語で言ってみよう!

1_ エレベーターに乗る

ヴェイ
I get on the elevator.

2_ 制服に着替える

I change into my uniform.

3_ 同僚にあいさつをする

コウ
I say hello to my coworker.

4_ 席に着く

| スィ ラッ |
I sit at my desk.

5_ スケジュールを確認する

I check my schedule.

tips

1_get on ~ は「(公共の乗り物などに)乗り込む」。

2_change into ~ は「～に着替える」。

3_coworker(同僚)の co- は「同等の」「共通の」。

4_sit at ~ は「(～の)席に着く」

tips

6_/dr/の部分に気をつけて発音しよう。rはくちびるを丸めてしっかり発音。

7_動詞のfileは「(書類を)とじ込む、保管する」。documentは「書類」。

10_ calculateは「～を計算する」。expensesは「経費」の意味では複数形。

6_ 机の引き出しを開ける

I open my desk drawer.

7_ 書類をファイルする

I file the documents.

8_ コピーをとる

カーピヘ(ズ)

I make copies.

9_ 書類を1枚スキャンする

I scan a document.

10_ 経費の計算をする

キャウキュレイ(t)

I calculate expenses.

♪MP3 05

11_ パソコンの電源を入れる

I turn on my computer.

12_ パソコンを再起動する。

I reboot my computer.

13_ ソフトをインストールする

I install a software application.

14_ マウスの右ボタンをクリックする

I click the right mouse button. (バッン)

15_ データをパソコンに入力する

I enter the data into the computer.

tips

11_ turn on ~ は「(電気などを)つける」。「消す」はturn off ~。

12_ rebootは「(パソコンを)再起動する」。bootは「～を起動する」。

13_ installは「～を設置する、インストールする」。

14_ rightの /r/ はくちびるを丸めて舌を巻いてしっかり発音。

15- enter は「(データなどを)入力する」。

tips

17-「データをUSBにバックアップする」は backup data to a USB flash driveなどと言う。back up と2語で表すこともある。

18- パソコンの電源の場合はturn off よりshut down をよく使う。

20- browse は「～をざっと見る、閲覧する、立ち読みする」。

16– ファイルを保存する

(ヴ)
I save the file.

17– ファイルのバックアップをとる

ファイゥ
I backup the file.

18– パソコンの電源を切る

I shut down my computer.

19– サイトにアクセスする

サイ(t)
I access the site.

20– ネットを閲覧する

ネッ(t)
I browse the net.

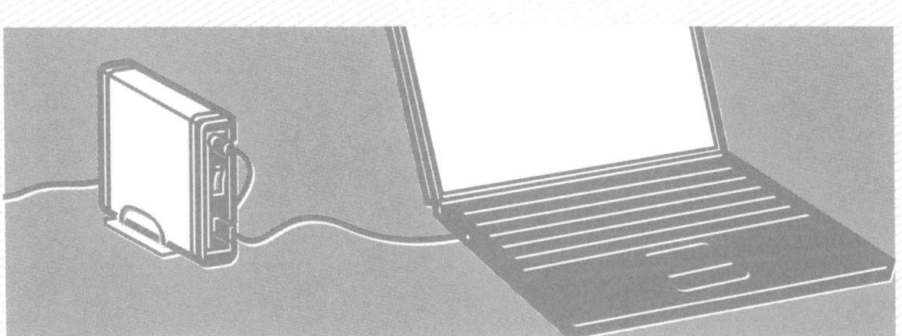

♪MP3 05

21_ メールを送る

I send an email. (email: メイゥ)

22_ ツイッターに投稿する

I post a message on Twitter. (Twitter: トゥウィラ)

23_ 電話をかける

I make a call. (call: コヘ)

24_ 電話で話す

I talk on the phone. (phone: フォウン)

25_ 電話を上司に回す

I transfer a call to my boss.

tips

22_ postは「(メールやデータを) 発信する、投稿する」。

23_ call は「電話 (で話すこと)」。

25_ transfer は「(データや電話を) 転送する」。

tips

26_ leave は「(伝言や名刺を) 置いておく、残す」。

27_ I hang up. だけでも「電話を切る」の意味になる。

29_ make a presentation でも同じ意味。

30_ submitは「～を提出する」、proposalは「企画案、提案書」。submitの /b/ は弱い音。

26_ メッセージを残す

(ヴ)
I leave a message.

27_ 電話を切る

フォウン
I hang up the phone.

28_ 会議に出る

I attend a meeting.

29_ 発表をする

ギヴァ
I give a presentation.

30_ 企画を出す

I submit a proposal.

♪MP3 05

31_ 顧客とアポを取る

メイカナポイン(t)メン(t)

I make an appointment with a client.

32_ 顧客にあいさつする

I greet a client.

33_ 顧客と名刺交換する

I exchange business cards with a client.

34_ 自己紹介する

マイセウ(フ)

I introduce myself.

tips

31_ make an appointment with ~は「～と会う約束をする」。

32_ greet(～にあいさつする)は人を出迎えるときなどによく使う。

33_ exchangeは「～を交換する」。cardsが複数なのに注意。

34-35_ introduce ~ to …で「～を…に紹介する」。

tips

36_ negotiate は「(～を交渉して) 決める」。contractは「契約」。

37_ set up a contract with ~ で「～と契約する」。

39_ chat は「世間話する、おしゃべりする、談笑する」。

40_ overtime は「時間外に」という意味の副詞。

35_ 部下を顧客に紹介する

I introduce my assistant to the client.

36_ 契約の交渉をする

We negotiate a contract.

37_ 契約を結ぶ

セラッ(p)

We set up a contract.

38_ 休憩する

I take a break.

39_ 同僚とおしゃべりする

チアッ(t)

I chat with my coworkers.

40_ 残業する

オウヴァ

I work overtime.

♪MP3 05

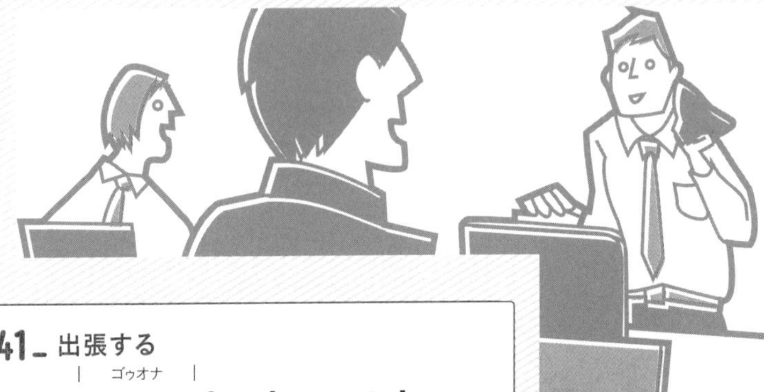

41_ 出張する

ゴゥオナ

I go on a business trip.

42_ 退社する

(ヴ)

I leave the office.

43_ 給与を受け取る

I get my paycheck.

44_ 管理職になる

I become a manager.

45_ 仕事を辞める

クウィッ(t)

I quit my job.

tips

41_「出張」は business trip。

42_ leave は「〜を離れる」。「退職する」ではない(**45** 参照)。

43_ paycheck は「給与、給与小切手」。

45_ quit は「(仕事などを) 辞める、退職する、中止する」。

tips

47_ get ~ (形容詞など)で「～の状態になる」。firedは「クビにされる、解雇される」。

48_ jobsは複数形であることに注意。

50_ retire は「定年退職する、引退する、隠居する」。例) retire from the steelmaker(鉄鋼会社を定年退職する)

46_ 失業する

I lose my job.

47_ 解雇される

I get fired.

48_ 転職する

I change jobs.

49_ 就職する
|ゲラ|

I get a job.

50_ 定年退職する
|ターイァ|

I retire.

Tweets / つぶやき表現

オフィスで仕事中のつぶやき

1

フーッ！　間に合った！

メーィディッ

Whew! I made it!

丸覚え表現 **I made it!**（間に合った！）

間に合ったときだけでなく、何かを達成したり成功したりしたときに「やったぞ！、うまくいったぞ！」という気持ちも表せる便利な言葉。madeは makeの過去形。

2

うちの制服、センスないわよねえ。

Our uniforms are so tasteless!

so は very と同様、強調の副詞。tastelessは「センスの悪い、悪趣味の」。「趣味の良い」は tasteful。例）tasteful design（洗練されたデザイン）

3

机が散らかってるなあ。

My desk is a mess.

mess は名詞で「乱雑なもの、めちゃくちゃな状態」。形容詞 messyを使って My desk is messy.とも言える。

4

机、片付けた方がよさそうだ。

クリーナッ(p)

I'd better clean up my desk.

入れ替え表現 I'd better ~（～した方がいい） ➡ p12参照
clean up ~ は「～をきれいに掃除する、浄化する」。例）clean up a mess（散らかっている物を片付ける）

5

よーし、机がさっぱりときれいになった。

Good. My desk is neat and clean.

Goodは気持ちを込めて高い音から低い音へ。neat（きちんとした）と clean（清潔な：ここでは形容詞）は、よくセットになって「こざっぱりとした、きちんとした」という意味で使われる。例）She is always neat and clean.（彼女はいつもこざっぱりとして身だしなみが良い）

6

今日で仕事が片付くはずですって？　とんでもない！

You think I can finish the job today?
Ridiculous!

丸覚え表現 Ridiculous!（ばかげてる!、とんでもない!）
ridiculousは「ばかばかしい、おかしな、話にならない」という形容詞。相手の言葉を嘲笑して吐き捨てるように言う感じ。使うシチュエーションに気をつけたい。/r/音はくちびるを丸めて舌を巻いて発音。

You think ~ (S + V) は、「～だとでも思ってるのか」と、時に相手の考え違いや思い上がりを非難するようなニュアンスになる。例）You think you're smart.（あなた、自分が賢いと思ってるんでしょ）

7

今日はめちゃくちゃ忙しくなりそうだ。

ビズィ

I'll be extremely busy today.

extremely（極度に、極端に）は veryの意味をさらに強めた副詞で、「めちゃくちゃ」というニュアンスを表している。

このコピー機、調子悪いなあ。

Something is wrong with this copier.

Something is wrong with ~は「（機器や人の）具合が悪い」という意味の定型表現。
There is something wrong with ~（～にどこかおかしいところがある）も使える。
例）There is something wrong with this copier.
wrongは /r/の音で始まる。舌を上につけると longになるので注意。

せかさないで。すぐやるから。

アネッ(t)

Don't rush me. I'm on it.

丸覚え表現 **I'm on it.**（すぐやります）
急ぎの仕事を頼まれたり命令されたりして「わかりました、すぐやります」と言うときに使う。
例）"Call the police!"（警察に電話して！）"I'm on it."（すぐやるよ）

rush は「～をせきたてる、急がせる」。

10

コピーを取るの、飽きちゃった。

タイアーロ(ヴ)

I'm tired of making copies.

tired of ~ は「～に飽きている、うんざりしている」。bored with ~ も同様の意味。
例）I'm bored with this video game.（このテレビゲームにはもう飽きたよ）

11

あ、パスワード忘れちゃった。

フォガッ(t)

Oh, no! I forgot my password.

forgot は forgetの過去形。

12

確かメモっといたはず。

Ⓢ

I think I wrote it down.

入れ替え表現 I think ~（～と思う）➡ p12参照
wrote は write の過去形。write ~ downで「～を書き留める」。think の th は舌を押し出して発音しないと sink（沈む）に聞こえてしまう。

13

おっと、パソコンが落ちちゃった!

Oops, my computer has shut down!

have/has + 過去分詞で「～してしまった、～したところだ」という意味の現在完了形になる。shutは現在形、過去形、過去分詞が同じ形。shut downは「中断する、活動を停止する、電源が落ちる」。

ああああ！　パソコンのシステムがダウンした。

Oh my gosh! The computer system is down.

Oh my gosh! は「しまった！」。この downは「(コンピューターが) 動いていない」の意味の形容詞。

エクセルの使い方理解できない。ああ、わかんなくなっちゃった。

| エアロウ |

I can't understand how to use Excel at all. Jeez, I'm confused.

丸覚え表現 **I'm confused.** (わからなくなった)

confusedは「頭が混乱した、困惑した、自分を見失った」。苦手なこと、難解なことで頭が混乱したときに言う。会話の途中で話がわからなくなったときの決まり文句でもある。

I can't understand how to ~ は、入れ替え表現 I don't know how to ~（～の仕方がわからない：p13参照）のバリエーション。not ~ at allは「全然～でない」という否定の強調表現。at allの発音エアはエとアを同時に言うようなつもりで。

この回線、不通になってる。

デヘ(d)

This line is dead.

これは決まり文句。「回線が死んでいる」→「不通だ」。

17

話し中だ。

ラーイニ(ズ)

This line is busy.

これも決まり文句。「回線が忙しい」→「話し中だ」。

18

忙しいからあとでかけ直そう。

コーゥ

I'm so busy. I'll call back later.

入れ替え表現 I'll ~（～しよう）➡ p12参照

call backは「電話をかけ直す」。かけて不在だった相手が後で折り返しかけてくる場合もcall back を使う。

19

会議を始めよう。

Let's begin the meeting.

Let's ~ は「～しましょう」という提案の表現。

会議って緊張するなあ。

ヴァ

I always get nervous at meetings.

nervousは「緊張して、あがって」。get + ~（形容詞など）で「～という状態になる」。
例）get old（年をとる）、get angry（怒る）

♪MP3 06

21

消費者は何を求めているんだろう。　さっぱりわかんないや。

What do consumers need? Beats me.

丸覚え表現 **Beats me.**（全然わからない）
It beats me.の略。beat は「～を閉口させる、～の理解を拒む」。何か尋ねられて「さあ、知らない」と答えるときに使う。「知ったことか」というニュアンスになるときもある。ナレーションをよく聞いて音の下がり方を確認。

consumer は「消費者」。反対語の「生産者」は producer。

22

何にも思いつかないや。

I can't think of anything.

think of ~ で「～を考え出す、（案を）思いつく」。not ~ anythingは「何も～ない」。例文は Nothing comes to my mind.（何にも頭に浮かばない）とも言い替えられる。

23

私の企画、絶対いける。

I'm sure my project will be a success.

入れ替え表現 I'm sure ~（きっと～だ） **➡ p13参照**
successは「大当たり、成功者」。例）The movie was a great success.（映画は大当たりした）／She is a success as a singer.（彼女は歌手として成功している）

24

彼は優柔不断だなあ。

He can never make up his mind.

make up ~'s mindで「決断する」。neverは「決して～しない」。neverは neの部分を高く発音。

25

それについてよく考えてみよう。

I'll think it over.

think ~ overで「～について十分に検討する」。over は「完全に、始めから終わりまで」という意味の副詞。

26

質問があるんだけど。

I have a question.

会議や授業などでは、こう言ってから質問する。

27

それはどういう意味なの?

What does that mean?

このフレーズは相手の発言に対し、「それ、どういうこと?」「どういうつもりで言ったの?」と質問するときに決まり文句のように使う。

28

例えばどんな?

Like what?

丸覚え表現 Like what? (例えばどんな?)
話している相手に具体例を求める表現。この likeは「好き」ではなく「～のような」の意味。For example?より口語的。例) "I love jazz music." (ジャズが大好きなの) "Like what?" (例えばどんな?)

私の言いたいこと、わかるでしょ?

ワライ

You know what I mean?

丸覚え表現 You know what I mean? (言いたいこと、わかるでしょ?)
相手の理解や同意を求めるときの表現。meanは「～と言いたい、～のことを言っている」。what+主語+動詞で「主語が～すること」という名詞句になる。what I meanで「私が言いたいこと」の意味。

30

クライアントにいい印象与えなきゃ。

I have to make a good impression on my client.

入れ替え表現 I have to ~ (～しなくちゃ) ➡ p12参照
impressionは「印象」。make a good impression on ~ で「～にいい印象を与える」。to ではなく on を使うことに注意。clientは「顧客、得意先」。

31

アルクの青木です。

I'm Aoki from ALC Incorporated.

自己紹介で名前と所属先を言うときの表現。日本語では「～社のだれだれです」なので、I'm at ~と言ってしまいそうだが、I'm from ~と言っていることに注意。I'm from Japan.（日本出身です）などと同じ構文だ。

32

この人、気難しそうだなあ。

ディフィコウ(t)

This guy looks difficult.

入れ替え表現 look ~（～のように見える）➡ p14参照
guyは「男、やつ」。複数を相手に話すときに、呼びかけの言葉として you guys、または単に guys を使うが、この場合は女性を含むこともある。difficultは「扱いにくい」「気難しい」のように人の性質も表す。

33

大変そうな仕事だなあ。

チアレンジン

It looks like a challenging job.

入れ替え表現 look like ~（～のように見える）➡ p14参照
challengingは「(仕事などが) やりがいのある、骨の折れる」。

34

どうして私に？　これはあなたの仕事でしょ！

Why me? This is your work!

丸覚え表現 **Why me?** (どうして私なの?)
嫌なことを押しつけられたり、理不尽に責められたりしたときに、抵抗して放つ言葉。この場合は、Why are you asking me to do this work?（どうして私にこの仕事頼むの?）と言い替えられる。

yourに腹立たしい気持ちを込めて言う。

35

ああ、まただ！　新人さんが同じミスをしちゃった。

ナーラゲイン

Oh, not again! The new recruit made the same mistake.

丸覚え表現 **Not again!** (またか!)
だれかのたび重なる失態や迷惑な行為に対し、「もう勘弁して」「まったくー」「また？　いやになるな」とうんざりした気持ちを込めて放つ言葉。

recruitは「新入社員、新米」。make a mistakeで「ミスを犯す」。madeは makeの過去形。

36

よくできたね!

Well done!

丸覚え表現 **Well done!** (よくやった!、お見事!)
ほめるときの表現。何かを立派に成し遂げた人にかける言葉。この場合は、This work has been well done.（仕事がちゃんと遂行された）を省略した形と言える。

37

でかした!

Good job!

丸覚え表現 **Good job!** (いい仕事したね!、おつかれ!)
これも Well done!同様、人をほめる言葉。仕事だけでなく、いろいろな場面で広く使う。good jobは、いい仕事の結果できた作品そのものをさす場合もある。Well done!ともども、目上の人には使わない方がよい。

38

アランは仕事の鬼だね。

エア

Alan works like crazy, doesn't he?

doesn't he?と最後に添えて、「ですよね」と軽く念押しする付加疑問文。like crazyは「狂ったように、死に物狂いで、猛烈に」という口語表現で、副詞的に使う。例）dance like crazy（ノリノリで踊る）

予算をオーバーしちゃった。

I went over my budget.

wentは goの過去形。go over ~で「～を超過する、オーバーする」。budgetは「予算」。

40

今日はお昼、あんまり食べたくないな。

I don't want to have a big lunch today.

入れ替え表現 I want to ~（～したい）➡ p11参照
have a big lunchで「昼食をたくさんとる」。「軽くとる」なら have a light lunch。

今日のお昼、すごくおいしそうだ。

デリシャ(ス)

Today's lunch looks delicious.

look ~ は「～のように見える」。delicious は very good、very tastyと同じ意味で、「とても、非常に」というニュアンスを含む。very deliciousとは言えないことに注意。感情を込めて言おう。

42

休憩したい。
| ニヘダ |

I need a break.

need to ~（～する必要がある）を使って、I need to take a break.とも言える。

43

肩がこってパンパンだ。

My shoulders are so stiff.

stiffは「（筋肉などが）こった、堅い、パンパンの」。I have stiff shoulders.とも言える。

44

彼、総務課のあの子と付き合ってるの？　やっぱりね。

Is he seeing the girl from the general affairs division? I knew it.

丸覚え表現 I knew it.（やっぱりね）

「やっぱりそうだったんだ」「思ったとおりだった」と言いたいときに使う。直訳すると「そのことは知っていた」。itはこの場合は「彼が総務課の女性と付き合っていること」を指す。

seeには「～と交際する、付き合う」の意味があり、現在進行形でよく使われる。general affairsは「総務」、divisionは「課、部局」。

さあ、また仕事！

Back to work again!

I have to go back to work again.（また仕事に戻らなくてはならない）の省略。back to ~ は「～に戻る」。

居眠りしそうだ。

I'm going to fall（フォーウ） asleep.

入れ替え表現 I'm going to ~（～しようとしている）➡ p12参照
fall asleepは「寝入る」。「机で居眠りする」は fall asleep at ~'s desk。

新しい部署に異動するの？　がんばってね。

You are going to move（ヴ） to a new section? Good luck!

丸覚え表現 ➤ Good luck!（がんばって!）
元々は「幸運を祈る」だが、試験・学業・仕事などに関して「がんばってね」と励ます場面でよく使われる。例）Good luck with your exam.（試験がんばってね）

「～へ異動する」は move to ~。moveは引越しにも使える。move into ~ なら「（新居に）引っ越す」。例）I want to move into a bigger house.（もっと大きな家に引っ越したい）

48

こんなに請求書がたまっちゃって、どうしよう!

What am I going to do with all these bills?

What am I going to do ~?は「自分は何をするつもりなのだろう?」が直訳だが、困ったときに「どうしたらいいんだ!」という意味でよく使う。do with ~ は「～をなんとか処理する」。billは「請求書」。

49

弟は僕より稼ぎがいいんだ。

My younger brother's salary is higher than mine.

「弟の給料は高い」は My younger brother's salary is high.。比較級 higher + than を使って例文のようになる。mineは my salary。

50

来週、出張でベトナムに行くんだ。

I'm going to Vietnam (ヴィエッ(t)ナヘム) on business next week.

on businessは「出張で」。「～へ行くことが決まっている」は be going to ~。

51

私、昇格するの。マジで!

スイ

I'm going to be promoted. I'm serious!

丸覚え表現 **I'm serious.**（本気ですよ）

seriousには serious damage（深刻な被害）など「深刻な」の意味もあるが、「真剣な、本気な」の意味でもよく使われる。決意表明や告白をした後などに、少し重々しく言ったりする。

be promoted で「昇格する、出世する」。

52

やれやれ、仕事が片付いた。

アサーイメン(t)

Whew! The assignment is done.

assignment は「割り当てられた仕事、任務」のこと。doneは「済んだ、完了した、終わった」。例）It's all done.（すっかり終わった）

今日は早く帰る!

(ヴ)

I'm going to leave the office early today.

leave は「～を去る」。leave the office で「退社する」。theをつけないで leave office だけだと「(特に公職を）辞任する」。例）I usually leave the office at 6 p.m..（私は普段、6時に退社する）

54

給料日だ！ パーッと騒ごう！

It's payday! Let's party!

丸覚え表現 **Let's party.** (パーッとやろう)

動詞の partyには「パーティーを開く」の意味もあるが、Let's party.と言う場合は、「みんなで飲みに行ってパーっとやろう」の意味になる。「パーティーを開こう」なら Let's have a party.と言う。

paydayは「給料日、支払日」。payday の前に冠詞の a や the がつかないことに注意。音をしっかり上げ下げして、うきうきした気持ちを表してみよう。

55

来週は1日休みを取れるぞ。

I can take a day off next week.

(テイカ)

day offは「休日、非番の日」。複数になるときは days offとなる。「休暇を一日取る」は take a day off。「制度上の休暇、休日」は holiday。「有給休暇」は paid holidayが一般的。

Quick Check / Chapter3に出てきたフレーズの復習

以下の日本語の意味になるよう英文を完成させてください。答えはページの下にあります。

❶フーッ!　間に合った! ➡P064
( )! I ( )( )!

❷今日はめちゃくちゃ忙しくなりそうだ。 ➡P066
I'll be ( )( ) today.

❸パソコンの電源を入れる。 ➡P056
I ( )( ) my computer.

❹おっと、パソコンが落ちちゃった! ➡P067
Oops, my computer has ( )( )!

❺顧客とアポを取る。 ➡P060
I ( )( )( ) with a ( ).

❻話し中だ。 ➡P069
This ( ) is ( ).

❼顧客と名刺交換する。 ➡P060
I ( )( )( ) with a ( ).

❽会議って緊張するなあ。 ➡P069
I always ( )( ) at ( ).

❾残業する。 ➡P061
I ( )( ).

❿給料日だ!　パーッと騒ごう! ➡P081
It's ( )! ( )( )!

❶Whew/made/it
❷extremely/busy
❸turn/on
❹shut/down
❺make/an/appointment/client
❻line/busy
❼exchange/business/cards/client
❽get/nervous/meetings
❾work/overtime
❿payday/Let's/party

Chapter 4

Housework
／
家事

掃除・洗濯・炊事ー
毎日いくらやっても終わることのない家事。
道具なども数多く、しかも時代の流れに
けっこう影響される分野でもあります。
それこそ数限りない表現の中から、
だれもが使えそうなものばかりを選びました。

Words／単語編

家事のシーンに関連する単語を覚えよう!

❶ cleaning tool
❷ vacuum cleaner
❸ mop
❹ bucket
❺ dust
❻ trash
❼ garbage
❽ scraps
❾ washing machine
❿ detergent
⓫ softner
⓬ laundry
⓭ stain

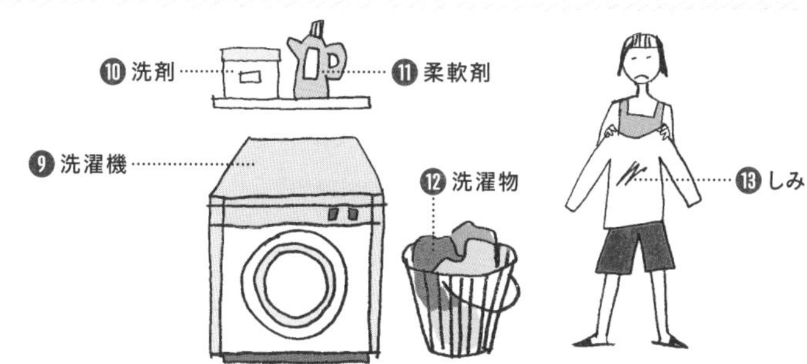

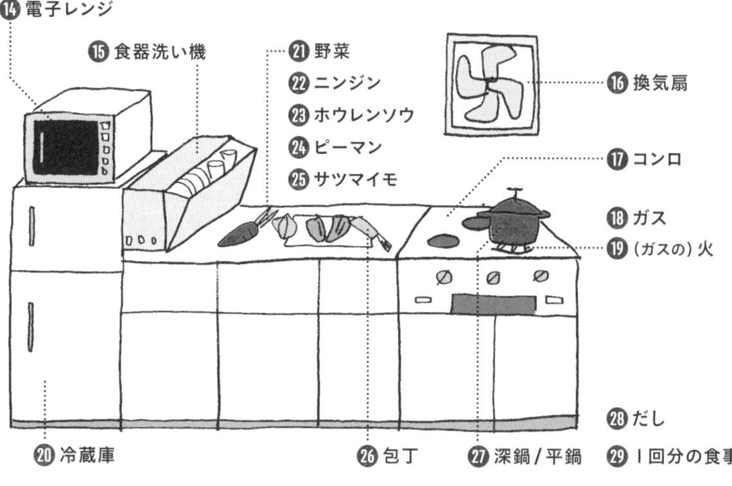

⑭ **microwave**
⑮ **dishwasher**
⑯ **fan**
⑰ **stove**
⑱ **gas**
⑲ **flame**

⑳ **refrigerator/ fridge**
㉑ **vegetables**
㉒ **carrot**
㉓ **spinach**
㉔ **green pepper**
㉕ **sweet potato**

㉖ **(kitchen) knife**
㉗ **pot/pan**
㉘ **soup stock**
㉙ **meal**

♪MP3 07

Behavior ／ 動作表現

家事にまつわる動作を英語で言ってみよう！

1_ 部屋を掃除する

I clean the room.

2_ 部屋を整理整頓する

I organize the room.

3_ じゅうたんに掃除機をかける

ヴァキゥム

I vacuum the carpet.

4_ 床をはく

スウィへ(p)

I sweep the floor.

5_ 床にモップをかける

マッ(p)

I mop the floor.

tips

1-2_ clean は「～を清潔にする」、organize は「～を整理整頓する」。

3_vacuum は「～に掃除機をかける」。名詞での意味は「真空」。

4_sweep は「(ブラシやほうきなどで部屋や煙突を) 掃除する」。

5_mop は「～をモップでふく、掃除する」。

tips

6_wet は「～をぬらす」。例) wet the bed(おねしょをする)

7_throw away ~ は「～を捨てる」、scraps は「残飯、かす」。

8-9_trash は「ゴミ、くず」。「生ゴミ」は garbage と言う。

10_ take ~ out は「～を外へ出す」。

6_ ぞうきんをバケツに入れてぬらす

I wet a cloth in a bucket.

7_ 残り物を捨てる

I throw away the scraps.

8_ ゴミを集める

I collect the trash.

9_ ゴミを分別する

I separate the trash.

10_ ゴミを出す

I take the trash out.

Chapter 1 朝
Chapter 2 通勤
Chapter 3 仕事
Chapter 4 家事
Chapter 5 買い物・用事
Chapter 6 外食
Chapter 7 レジャー
Chapter 8 夜

♪MP3 07

11_ 窓をふく

I wipe the windows.

12_ 浴槽を磨く

（ス）

I scrub the bathtub.

13_ 洗濯をする

| ロー |

I do the laundry.

14_ 洗濯物を仕分ける

| ロー |

I sort the laundry.

15_ 洗濯機のスイッチを入れる

| トゥノオン |

I turn on the washing machine.

tips

11_ wipe は「（布や手で）～をふく、ぬぐう」。

12_ scrub は「（固い物で）～をゴシゴシこする、磨く」。

13-14_ do ~は「（仕事や家事、行動を）する」。例）do the cooking（料理をする）
do the dishes（皿洗いをする）
laundryは「洗濯（物）」。「ラウンドリー」と言わないように。

tips

16_ softnerのtは発音しない。

18_ removeは「～を取り除く」。stainは「しみ、汚れ」。

19_ tumble-dryはtumble（回転ドラムにかける）とdry（～を乾かす）の複合語。

20_ hang ~ up は「～をつるす」。to dry は「乾かすために」。

16_ 柔軟剤を入れる

エア

I add softener.

17_ シャツを漂白する

I bleach my shirt.

18_ しみを取る

I remove a stain.

19_ 乾燥機で服を乾かす

クロウ(ズ)

I tumble-dry the clothes.

20_ 洗濯物を干す

| ロー |

I hang the laundry up to dry.

Chapter 1 朝

Chapter 2 通勤

Chapter 3 仕事

Chapter 4 家事

Chapter 5 買い物 用事

Chapter 6 外食

Chapter 7 レジャー

Chapter 8 夜

♪MP3 07

21_ 布団を干す

I air out the *futon*.

22_ 洗濯物をたたむ

フォウ(d)　|ロー|

I fold the laundry.

23_ シャツにアイロンをかける

アイアン　シュ～(t)

I iron my shirt.

24_ シャツをドライクリーニングに出す

I have my shirt dry-cleaned.

25_ ジャガイモの皮をむく

パテイトゥ(ズ)

I peel the potatoes.

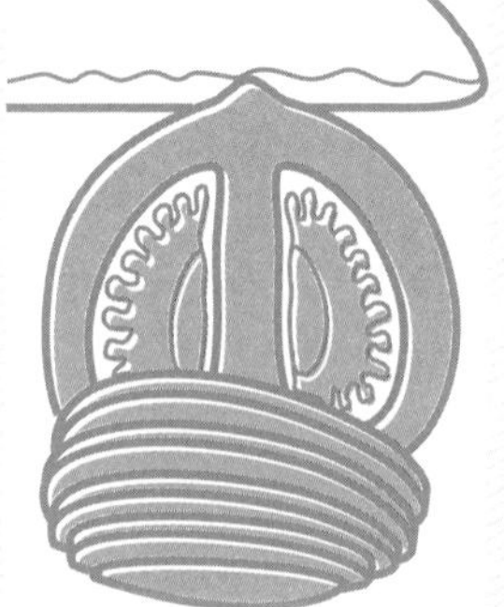

tips

21_ air out ~ は「～を空気(風)に当てて乾かす」。

22-23_ fold は「～をたたむ」、ironは「～にアイロンをかける」。

24_「have + [物・人] + 過去分詞」で「[物・人]を～してもらう」。例文は「シャツをドライクリーニングしてもらう」。このまま覚えよう。

tips

25-28_peel(～の皮をむく)、chop(～を細かく刻む)、slice(～を薄切りにする)、dice(～をさいの目に切る)などを覚えよう。単に「切る」はcut、「～を割る」はbreak / crack。

29_「青菜、青野菜」はgreens、「野菜」はvegetables。

26_ タマネギを刻む

アニアン(ズ)

I chop the onions.

27_ トマトを薄切りにする

I slice the tomatoes.

28_ ニンジンをさいの目に切る

キァ

I dice the carrots.

29_ ホウレンソウをゆでる

I boil some spinach.

30_ サツマイモを蒸す

スウィー(t)

I steam the sweet potatoes.

♪MP3 07

31_ 野菜を煮る

スィ
I simmer vegetables.

32_ 野菜を油でいためる

I fry vegetables.

33_ 野菜をさっといためる

ソゥテイ
I sauté vegetables.

34_ たっぷりの油で魚を揚げる

I deep-fry a fish.

35_ 牛肉をあぶり焼きする

I broil beef.

tips

31-34_simmer は「～をぐつぐつ煮る」(「シマー」と言わないように)、fry は「～を揚げる、(多めの油で)いためる」(fryのrは舌を巻いて発音)、sauté は「(軽く)いためる」、deep-fryは「～をフライにする」。stir-fry(～を[強火で素早くかき混ぜながら]いためる)という表現もある。

tips

35-36_ broilは「直火で焼く」。イギリス英語ではgrill。burn(焼く)は料理ではあまり使わない。roastは「直火やオーブンで肉などを焼く」。

37_ greaseはもともと「動物性油脂」。動詞では「〜にグリースを塗る」。

39-40_「かき混ぜる」の使い分けに注意。beatは「強く」混ぜる。stirは日本語の「スター」よりも少し口を閉じて発音。

36_ 鶏一羽丸焼きにする

I roast a chicken.

37_ 鍋に油を引く

ペア へン

I grease the pan.

38_ みそ汁を作る

I make *miso* soup.

39_ スープをかき混ぜる

I stir soup.

40_ 卵をかき混ぜる

エヘ(グズ)

I beat eggs.

♪MP3 07

41_ 鍋をコンロにかける

ストウ(ヴ)

I put the pan on the stove.

42_ ガスに火をつける

|ギァスオヘン|

I turn the gas on.

43_ 火を強める

I turn up the flame.

44_ 野菜を冷蔵庫にしまっておく

I store vegetables in the refrigerator.

tips

41_ stoveはここでは暖房器具ではなく「コンロ」。panは「鍋、平鍋」。

42_「ガスを消す」はonの代わりにoffを使う。

43_「火を弱める」はupの代わりにdownを使う。

44_ storeは「～を保管する、蓄える」。「冷蔵庫」はfridgeとも。

tips

45_ de -（否定の接頭辞）+ frost（～を霜で凍らせる）= defrost。

46_ chill は「～を冷やす」。冷凍する場合は freeze を使う。

47_ re -（「～し直す」の意の接頭辞）+ heat（～を温める）= reheat。

48_ 家事の皿洗いの場合、washよりdoを使う。**13**参照。

45_ 肉をレンジで解凍する

ミヘ(t)

I defrost the meat in the microwave.

46_ 冷蔵庫でサラダを冷やす

チゥ

I chill the salad in the refrigerator.

47_ ご飯をレンジで温め直す

I reheat the rice in the microwave.

48_ 皿を洗う

I do the dishes.

何かと大変、家事でのつぶやき

1

すごい散らかりようだ!

ウワラ

What a mess!

丸覚え表現 **What a mess!** (すごい散らかりようだ!)

mess（乱雑、収拾がつかない状態）は物理的・抽象的両方に使う。Whatの後に名詞を置くと「何て～なんだ！」という感嘆表現になる。What a mess!（何て散らかりようだ／何て厄介なんだ）は日常的によく使う。

2

うわあ、すごいほこり!

ダースティ

Wow, it's so dusty!

dustyは「ほこりっぽい、ほこりまみれの」。例）dusty old book（ほこりをかぶった古い本）、get dusty（ほこりがたまる）

3

少々のほこりじゃ人は死なないよ!

リロウ

A little dust won't kill you.

入れ替え表現 won't ～（～しようとしない） **➡ p14**

a little ~ は「少しの～」。won't ~ は「～しようとしない」という意志を表すが、ものを主語にして、擬人的に使うことも多い。例）The door won't open.（ドアがなかなか開かない）

4

へえ、この掃除機あんまり音がしないなあ。

Oh, this vacuum cleaner doesn't make much noise.

ノへィ（ズ）

「掃除機」は vacuum cleaner。「大きくて不愉快な音を出す」は make much noise。not ~ much の組み合わせで「あまり～しない」となる。

5

やだ、壁にゴキブリがいる。

Yuck! There's a cockroach on the wall.

間投詞 yuck（げっ、うぇー）**➡ p16参照**
入れ替え表現 There is ～（～がいる）**➡ p14参照**
onの語義は「～の表面に接して、くっついて」。

6

ゴキブリにスプレーかけて！

Spray the cockroach!

sprayは「～にスプレーで（殺虫剤やペンキ、香水などを）吹きかける」。

7

換気扇の掃除は大変だ。

Cleaning a fan is hard.

動詞に ingをつけて「～すること」という「名詞」の形にできる。「大変だ」は hard。

8

やり方がわかんないよ。

I don't know how to do it.

入れ替え表現 I don't know how to 〜（〜の仕方がわからない）➡ p13参照

コンロが脂で汚れてるよ。

ストウ(ヴ)

The stove is dirty and greasy.

料理用の「コンロ」は stove。石炭やまきを使う暖房も stoveだが、それ以外の暖房器具は heaterと呼ぶ。greasyは「脂で汚れた、脂ぎった」。

浴槽、磨いた方がよさそうだ。

I think the bathtub needs scrubbing.

入れ替え表現 I think 〜（〜と思う）➡ p12参照
入れ替え表現 ... need 〜ing（…は〜する必要がある）➡ p14参照
「浴槽」は bathtub。「〜を磨く、ごしごし洗う」は scrub。㋛と㋜は舌が上の歯に届くように発音する。

浴室の天井にかびが生えている。

モウ(d)　スィーリン(g)

There is mold on the bathroom ceiling.

「かび」は mold。「天井」は ceiling。onの語義は「〜の表面に接して」なので（❺参照）、「天井に」は on the ceilingとなる。

12

ダンナに風呂掃除頼んだ方がいいな。

I should ask my husband to clean the bathroom.

㋜

入れ替え表現 I should ～（～した方がいい）➡ p12参照
ask + 人 + to + ~（動詞の原形）で「人に～するように頼む」の意味になる。

13

トイレは本当にきれいにしとかなきゃ。

トーイレッ(t)

I really should keep the toilet clean.

keep + 人・物 + ~（形容詞など）で「人・物を～の状態に保つ」。

14

最近は、いろんな掃除用具があるんだなあ。

アラーロ(ヴ)

There are a lot of cleaning tools around!

a lot of ~ は「たくさんの～」、toolは「用具、ツール」。ここでの aroundは「世の中のあちこちに」の意味。

15

ゴミの分別をしなきゃ。

I have to separate the trash.

入れ替え表現 I have to ～（～しなくちゃ）➡ p12参照
separateは「～を分類する、区別する」。「ゴミ」は trash。ただし「生ゴミ」は garbage。

16

今日、ゴミ出す日？　ちょっとわかんないや。

シュダイ

Should I take the trash out today?

I'm not sure.

丸覚え表現 **I'm not sure.**（ちょっとわからない、どうかなあ）
「よくわからないなあ」「さあ、どうかなあ」など確信が持てないときに使う。例）"What time does the concert start?"（ライブは何時に始まるの？）"I'm not sure."（さあ、わからない）

take ~ outは「～を外に出す」。

面倒くさいなあ。

ワラ　　ザ

What a bother!

丸覚え表現 **What a bother!**（面倒くさいなあ！）
What + ～（名詞）!で「何て～なんだ！」という感嘆フレーズになる（❶参照）が、その中でもよく使われるもの。botherは「面倒、悩みの種」。「バザー」とならないように、ザは舌先を上の歯まで押し出して発音する。

18

このシャツ、汚れてるわねえ。

This shirt is so dirty.

dirtyは「汚い、泥だらけの、不潔な、汚染源となる」のほか、「下品な、軽蔑すべき、好ましくない」のように、人や行動を形容する場合にも広く使う単語。

19

あっ、洗剤入れ過ぎちゃった！

プディン

Oh, jeez! I put in too much detergent.

間投詞 jeez（しまった）➡ p15参照

put in ~ は「～を入れる、加える」。過去形も同じ形。too much ~ は「あまりにもたくさんの～」。「洗剤」は detergent。

20

私のセーター縮んじゃった。

スウェラ

My sweater shrank.

「縮む」は shrink。例文では過去形の shrank。

21

色が落ちちゃった。

フェイデッ(d)

The color faded.

fadeは「(色などが) あせる、薄れる」。記憶や健康、名声などが「衰える」ときや、人や物が「姿を消す、見えなくなる」といったときにも使う動詞。

♪MP3 08

22

ガンコなしみだなあ!

スタバン
This stain is really stubborn.

stainは「(液体、血などの)しみ」、「(人の評判などの)汚点」。stubbornは「(しみなどが)落ちにくい」「頑固な、強情な」。really(本当に)を強調して言うと、切実な感じが伝わる。

23

このシャツはアイロンがいらないんだよね。

アイアニン(g)
This shirt doesn't need ironing.

この needは⑩と同じ「~される必要がある」。ironは動詞で「~にアイロンをかける」。

24

新型洗濯機、買いたいなあ。

マードウ
I want to buy the latest model of washing machine.

入れ替え表現 I want to ~ (~したい) ➡ p11参照
latestは「最新の」。「洗濯機」は washing machine。I want the latest model of washing machine.(新型洗濯機が欲しい)でもよい。

25

冬物をクリーニング屋から取ってこなくちゃ。

クロウ(ズ)
I have to pick up my winter clothes at the cleaner's.

pick up ~には例文の「(預けていたものを)受け取る、引き取る」のほか、「~を拾い上げる」「(人を)車で拾う、迎えに行く」の意味もある。「冬物」は winter clothes(冬の衣服)。「クリーニング店」は cleaner's。

26

毎日献立決めるのって面倒だなあ。

It's a pain to plan menus every day.

入れ替え表現 It's ~ to ... (…するのは～だ) ➡ p14参照
painは「精神的苦痛、骨折り、面倒」。「面倒だ」という気持ちを込めて言おう。

27

料理は得意じゃないんだ。

ナヘラ

I'm not a good cook.

プロの料理人でなくても「料理をする人」は cookと言う。

28

この包丁、切れないな。

This knife is dull.

dullは「(刃が) 切れない」「頭の鈍い、のろい、さえない」。dullの反対の「切れ味が良い、鋭い」は sharp。

29

この包丁、すごく切れる。

This knife cuts very well.

この cutは「(刃物が) 切れる」。「よく切れない」は cut badly。

30

子どもに手伝うように言わなきゃ。

I should tell the kids to help me.

tell + 人 + to + ~（動詞の原形）で「人に～するように言う」。⑫の ask + 人 + to + ~よりも強い命令になる。kidは「子ども」。

31

このレモン、腐ってる！

レモニ(ズ)

This lemon is spoiled.

spoiledは「（食べ物が）腐った」「台無しになった」。「甘やかされてわがままになった」という意味もある。例）spoiled child（甘ったれな子供）

それ、焦げ臭いよ。

It smells burned.

smell ~（形容詞など）で「～のにおいがする」。burnedは「黒こげになった、燃えた」。例）Something smells good.（何かいいにおいがする）

33

あれ～、肉がちゃんと焼けてない。

Oh, no. The meat isn't cooked enough.

be cooked enoughで「十分に調理されている、焼けている」。

34

何か足りないな。

I think something is missing.

missingは形容詞で「(あるべきものが) 欠けている」。Something is missing. (何か物足りない) は料理以外のいろいろな場面で使える表現。

35

あ、塩入れるの忘れた!

Oh, I forgot to add salt.

入れ替え表現 I forgot to ～ (～するのを忘れた) ➡ p13参照
addは「～を加える」。

シチュー作るのあんまり得意じゃないんだよね。

I'm not very good at cooking stew.

be good at ~ (名詞 [句]) は「～が得意である」。例) I am good at sports. (スポーツが得意だ)

37

だし取るのって面倒。

It's a pain to make soup stock.

㉖にも出てきた It's a pain to ~ は「～するのが面倒だ」。「だし」は soup stock。

38

昔は、料理は全部手作りしてたなあ。

ミーュ(ズ)

I used to cook all the meals myself.

入れ替え表現 I used to 〜（以前は〜していたものだった）➡ p14参照
mealは「1回に取る食事、一食分」。myselfを添えると「私が自分自身で」という強調表現になる。

39

新しい料理、奥さんが気に入ってくれるといいんだけど。

ホウ(p)　スィ

I hope my wife likes the new recipe.

入れ替え表現 I hope 〜（〜だといいな）➡ p13参照
この場合の「料理」は、「調理法、レシピ」のことなので、recipeを使う。

最近自分では作らないけど、忙しいから仕方ないわ。

These days I don't cook myself. I can't help it, because I'm so busy.

丸覚え表現 I can't help it.（しょうがない）
この helpは「〜を避ける、抑える」。itは「仕方がない状況」を指し、ここでは「自分で料理をしないこと」。だれかから批判されたときに、軽く反抗する表現としてよく使われる。

these daysは「このごろ」。myselfは㊳と同じ強調表現。because ~ は「なぜなら〜なので」。

41

おい、あの子またピーマン残してるよ!

Hey, he left all his green peppers again!

leftは leave（～を残す）の過去形。「ピーマン」は green pepper。

42

食器洗い機買おうっと。

I'm going to buy a dishwasher.

入れ替え表現 I'm going to ～（～するつもりだ）➡ p12参照
「食器洗い機」は dishwasher。load a dishwasherで「食器洗い機に食器を入れる」。

43

省エネ型冷蔵庫、高かったなあ！　もうすっからかんだよ。

This energy-saving refrigerator was so expensive! I'm broke.

丸覚え表現 ▶ I'm broke.（すっからかんだ）
brokeは「無一文の、金欠の」。「懐がさびしい」という程度の場合も「破産した」という場合も、両方使える。

「省エネの」は energy-saving。この saveは「～を大切にする、節約する」。「冷蔵庫」は refrigerator。「値段が高い」は expensive。I'm broke.を強調して言おう。

Quick Check ／ Chapter4に出てきたフレーズの復習

以下の日本語の意味になるよう英文を完成させてください。答えはページの下にあります。

❶じゅうたんに掃除機をかける。➡P086
I (　　　) the (　　　).

❷ゴミの分別をしなきゃ。➡P099
I have to (　　　)(　　　)(　　　).

❸洗濯をする。➡P088
I (　　　)(　　　)(　　　).

❹布団を干す。➡P090
I (　　　)(　　　) the *futon*.

❺シャツにアイロンをかける。➡P090
I (　　　) my shirt.

❻料理は得意じゃないんだ。➡P103
I'm not a (　　　)(　　　).

❼あ、塩入れるの忘れた! ➡P105
Oh, I (　　　) to (　　　)(　　　).

❽昔は、料理は全部手作りしてたなあ。➡P106
I (　　　)(　　　)(　　　) all the meals myself.

❾ご飯をレンジで温め直す。➡P095
I (　　　) the rice in the (　　　).

❿皿を洗う。➡P095
I (　　　)(　　　)(　　　).

❶vacuum / carpet
❷separate / the / trash
❸do / the / laundry
❹air / out
❺iron
❻good / cook
❼forgot / add / salt
❽used / to / cook
❾reheat / microwave
❿do / the / dishes

Chapter 5

Shopping & Errands

/

買い物・用事

買い物をしたり、銀行や郵便局に行ったり、
病院でお医者さんに見てもらったり。
仕事に就いている人もそうでない人も、
社会生活を営んでいる人なら
避けて通れない、いろいろな種類の
「用事」に関する表現を取り上げています。

Words ／ 単語編

さまざまな用事に関連する単語を覚えよう!

❾クレジットカード
❿おつり
⓫レシート
⓬カタログ

- ❶ insert
- ❷ big sale
- ❸ bargain
- ❹ dress
- ❺ blouse
- ❻ discount
- ❼ eco-friendly shopping bag
- ❽ cashier
- ❾ credit card
- ❿ change
- ⓫ receipt
- ⓬ catalog
- ⓭ account
- ⓮ ATM
- ⓯ PIN
- ⓰ bank book
- ⓱ interest rate
- ⓲ envelope
- ⓳ commemorative stamp

⑳ mailbox
㉑ post office
㉒ express (delivery)
㉓ package/parcel
㉔ home delivery service
㉕ hospital

㉖ insurance card
㉗ waiting room
㉘ temperature
㉙ headache
㉚ medicine
㉛ operation

♪MP3 09

Behavior／動作表現

用事にまつわる動作を英語で言ってみよう！

1＿新聞の折り込み広告をチェックする

I check newspaper inserts.

2＿買い物に行く

I go shopping.

3＿近所のショッピングモールに行く

I go to the shopping mall near my house.（mall：モーゥ）

4＿ショッピングカートを押す

I push a shopping cart.（push：プシャ）

5＿店の中をゆっくり見て回る

I look around in the shop.

tips

1＿insertは「折り込み広告、挿入物」。

2＿go ~ing で「～しに行く」。例）go skiing（スキーをしに行く）

5＿look around は「あちこち見て回る、見物する」。aroundは「あちこちに」。例）shop around（あちこち買い物して回る）

tips

6_departmentの代わりにcounterもよく使う。

7_try on ~ は「～を試着する」。例）try on a pair of shoes（靴を試し履きする）／try on a cap（帽子を試してみる）

9_ask for ~ は「～を要求する」。discountは「割引、値引き」。

6_ 化粧品売り場に行く

カ(ズ)メーデイ(クス)

I go to the cosmetics department.

7_ スカートを試着する

アナ

I try on a skirt.

8_ 贈り物を選ぶ

I choose a present.

9_ 値切る

エア

I ask for a discount.

♪MP3 09

10_ レジでお金を払う

キェシア
I pay the cashier.

11_ 現金で払う

I pay by cash.

12_ クレジットカードで払う

I pay by credit card.

13_ レシートとおつりを受け取る

| ヴァ |
I receive a receipt and my change.

tips

10_ cashier は「レジ係」。直訳は「レジ係に払う」。

11-12_「小切手で払う」は pay by check。

13_「おつり」はchange。例) Here's your change.(おつりです)

tips

14_ 「名詞（+ whichかthat）+ 主語 + 動詞」で「主語が～する物・人」。the things I bought で「私が買ったもの」。~-friendly は「～に優しい」。

15_ online は「インターネットで」という副詞。

17_ 直訳では「カタログからカーテンを注文する」となる。

18_ return は「～を返す」。the PC I boughtで「私が買ったパソコン」。**14** 参照。

14_ 買った物をエコバッグに詰める

I put the things I bought into an eco-friendly shopping bag.

15_ ネットで花を注文する

I order some flowers online.

16_ カタログを請求する

I request a catalog.

17_ カタログでカーテンを注文する

I order curtains from a catalog.

18_ 買ったパソコンを店に返品する

I return the PC I bought to the store.

♪MP3 09

19_ 銀行口座を開く

I open an account at the bank.

20_ 口座にお金を預ける

ディパー[ズィ]ッ(t)

I deposit money into my account.

21_ 口座からお金を下ろす

I withdraw money from my account.

22_ 妻の口座に振り込む

I transfer money into my wife's account.

23_ 自動引き落としで家賃を払う

アーラメァリッ(ク)

I pay the rent by automatic bank payment.

tips

19_ account は「口座、預金（高）」。

20_ deposit は「（金を）預ける」。代わりに put を使ってもいい。

21_ withdraw ~ from … は「…から～を引き出す」。

22_ transfer ~ into … は「～を…に移動させる」。

tips

24_ automatic teller machine(ATM)の直訳は「現金自動預入支払機」。p128㉓参照。look for ~ は「～を探す」。

25-26_ enter は「～を入力する」。「暗証番号」はPIN(p129㉕参照)。

28_ apply for ~ は「～を申し込む」。loan は「ローン、借金」。

24_ ATMを探す

I look for an ATM.（エイ）

25_ 暗証番号を押す

I enter my PIN.

26_ 暗証番号を変更する

I change my PIN.

27_ 口座の残高を確認する

I check the balance of my account.（ベアーラン(ス)）

28_ 銀行にローンを申し込む

I apply for a bank loan.（ロゥン）

MP3 09

29_ 母に手紙を書く

I write to my mother.

30_ 手紙に写真を同封する

フォゥトウ

I enclose a photo with a letter.

31_ 封筒にあて名を書く

エンヴロウ(p)

I address an envelope.

32_ 封筒に切手を貼る

| プラ |

I put a stamp on an envelope.

tips

30_ enclose ~ with … は「～を…に同封する」。

31_ address は動詞になると「(封筒などに)あて名を書く」。

32_ 切手を「貼る」は paste でなく put を使う。

tips

33_ 直訳は「郵便ポストに手紙を投げ入れる」。「手紙を出す、投函する」はI post a letter.とも言える。

34_ expressには「速達、至急便」の意味がある。

35_ take ~ to ... は「～を…に持って行く」。「小包」はparcelでもOK。

36_ 直訳は「宅配便で荷物を受け取る」。deliveryは「配達(物)」。

33_ 手紙をポストに投函する

I drop a letter into a mailbox.

(mailbox: メイゥバー(クス))

34_ エアメールを速達で送る

I send airmail by express.

35_ 小包を郵便局へ持って行く

I take a package to the post office.

(take a: テイカ)

36_ 宅配便を受け取る

I receive a package by home delivery service.

(delivery: ヴ)

♪MP3 09

37_ 毎週医者に通う

ダー(ク)ター

I see the doctor every week.

38_ 受付係に保険証を出す

I hand my insurance card to the receptionist.

39_ 病院の待合室で順番を待つ

ハー(ス)ピロウ

I wait for my turn in the hospital waiting room.

40_ 薬を受け取る

メディスン

I get some medicine.

41_ 薬を飲む

I take medicine.

tips

37_ see the/a doctor は「医者に見てもらう、診察してもらう」。

38_ hand は「～を手渡す」。insurance は「保険」。

39_ wait for ~ は「～を待つ」。turn は「順番」。

40-41_「薬」は medicine。「薬を服用する」はtake medicine。

tips

43_ blow は「～を吹いて中身を出す」。

44_ temperature は「気温、体温」。check の代わりに take でも。

45_「入院している」状態を表すなら stay in the hospital。

46_「心臓手術を受ける」は have a heart operation。

42_ せきをする

カー(フ)

I cough.

43_ 鼻をかむ

I blow my nose.

44_ 熱を測る

I check my temperature.

45_ 入院する

ハー(ス)ピロウ

I go to the hospital.

46_ 手術する

|アーパ|

I have an operation.

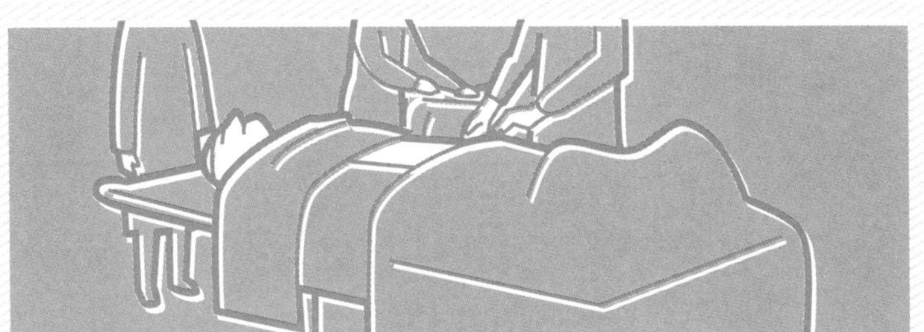

♪MP3 10

Tweets
つぶやき表現
買い物、通院、日々のつぶやき

1

今日は何が安くなってるかな?

What's on sale today?

on sale は「特売で」。例）The shoes are on sale.（靴がセール中だ）

やった！　牛肉が半額になってる。

Great! They're selling this beef at half price.

Great!は「すごい！」という意味の感嘆表現。theyは「お店（の人たち）」を指す。at half priceは「半額で」。例）The shoes are on sale at half price.（靴が半額セールだ）

3

このお刺し身、新鮮かな?

Is this *sashimi* fresh enough?

~ enoughは「(…するのに)十分に～」。副詞だが、形容詞や副詞の後に置く。ここでは「食べられるぐらい十分に新鮮か?」と自問している。例）Is this large enough?（この大きさで足りますか?）

サイズの合った靴が欲しいな。

I need the shoes in my size.

in ~'s sizeで「～のサイズに合った」。例）I'm looking for a jacket in my size.（自分のサイズに合ったジャケットを探している）

5

掘り出し物が見つかるといいな。

バーギン

I hope I can find a bargain.

入れ替え表現 I hope 〜（〜だといいな）➡ p13参照
bargainは「特売品」。この一語で「バーゲンセール」の意味にはならない。

6

バーゲンは見逃さないぞ。

セイゥ

I'm not going to miss the big sale.

入れ替え表現 I'm going to 〜（〜するつもりだ）➡ p12参照
「バーゲンセール」は（big）saleが一般的。missは「（機会を）逃す」。notに気持ちを込めて言おう。

7

この店、品数が豊富だなあ。

ラーラ(ヴ)

There's a lot of different stuff in this store.

入れ替え表現 There is 〜（〜がある）➡ p14参照
a lot of ~ は「たくさんの〜」。stuffは漠然と「物」を指す。

8

どれを買ったらいいか迷っちゃう。

キエヘン(t)

I can't decide what to get.

decideは「〜を決める」。what to getは「買うべきもの」。例）what to do「やるべきこと」

9

ただ見て回るのが好きなんだよね。

I like just looking around.

入れ替え表現 I like 〜ing（〜するのが好き）➡ p11参照
justは「ただ〜だけ」。look aroundは「見て回る」。

あら、これ私に似合ってるじゃない。

グーディン

Hey, I look good in this.

入れ替え表現 look 〜（〜のように見える）➡ p14参照
in ~は「〜を身に着けて」。例）a girl in a red coat（赤いコートを着た少女）

このスカート、サイズがぴったり。

This skirt fits me nicely.

fitは「（型や大きさが）〜に合う」。例）The shoes fit me.（その靴は私のサイズに合っている）
「（服装や色などが）〜に合う」は suitを使う。例）This dress suits you well.（このワンピース、あなたに似合ってるわ）

このブラウスは着心地がいいわ。

カンファタボゥ

This blouse is comfortable.

comfortableは「快適な、着心地のよい」。

13

この靴、おしゃれだなあ。

スターイリシュ

These shoes are stylish.

stylishは「流行に合った、スマートな」。「(特に女性の服装が) あか抜けた、上品な、粋な」はchic。

あのワンピース、いいなあ。

I like that dress.

I like your ~ なら、相手をほめる表現として使える。例) I like your hair. (そのヘアスタイルすてきね)

15

かっこいい、これにしよう。

クーォ

Cool! I want this one.

丸覚え表現 **Cool.** (かっこいい、すごい)
That's cool!の略。「かっこいい」「きまってるね」「すごい」の意味で相手をほめる場合にもよく使う。例) "How does my new shirt look?" (僕の新しいシャツどう?) "Cool." (いかしてる)

I want this one.は、購入を決めたときに「これにします、これをください」とお店の人に言う言葉としてもよく使う。

このジャケット、値段が手頃だ。

This jacket is reasonable.

reasonableは「(値段が) あまり高くない、手頃な、お値打ち価格の」。cheapは「安い、安物の、安っぽい」、inexpensiveは「安価な」(安物のニュアンスはない)。

マジ? ジーンズ1本で10万円だって!

Are you serious? This pair of jeans costs 100,000 yen!

丸覚え表現 **Are you serious?** (本気なの? マジ?)
相手の言動に対し、驚きや困惑、疑いの気持ちを抱きながら放つ一言。例文は独り言だが、youはこの店を指す。例) "I'll quit my job next month." (来月仕事辞めるよ) "Are you serious?" (本気?)

ジーンズは2本足なので pair of ~ (一対の~) を使う。cost ~ は「~の費用がかかる」。例) How much does it cost? (それはどのくらい費用がかかるの?、いくらですか?) 記号どおり思いきり抑揚をつけて言ってみよう。100,000 = a hundred thousand と読む。

まけてくれないかな。

I wonder if they'll give me a discount.

入れ替え表現 I wonder if ~ (~かなあ?) ➡ p13参照
discountは「値引き、割引」。give ~ a discountで「~に対して割り引く」。

19

ちょっとー、おつり間違ってるよ。

カマヘン

Come on, my change is wrong.

丸覚え表現 **Come on.**（ちょっとー、やだなー）
いろいろなニュアンスのある言葉だが、ここでは「うそでしょ、やだなー」ぐらいの意味。ほかに「お願いだから」「しっかりしろ」「いいかげんにしろ」など。

changeは「おつり」。例）Keep the change.（おつりはいりません） wrongは /r/の音で始める。

20

ここビザカード使えるかなあ。

ヴィーザ

I wonder if they accept Visa.

「クレジットカードを受理する」は accept a credit card。例）Do you accept MasterCard?（マスターカードは使えますか？）

21

ネットではあまり物を買わないんだ。

ヴェ

I don't shop online very much.

not ~ very muchは「あまり～しない」。onlineは「ネットで、オンラインで」という副詞。

22

それ2000円で買ったの？　お買い得だね。

ワズィ(t)

Was it only 2,000 yen? Good buy.

丸覚え表現 ▶ **Good buy.**（お買い得でしたね）

いい買い物をした人、掘り出し物を見つけた人にかける言葉。この場合のbuyは名詞で「買い物（すること）、お買い得品、掘り出し物」。例）This is a good buy.（これはお買い得品です）

23

ATMどこ？

エイ

Where's an ATM?

ATMは automatic teller machine（現金自動預入支払機）の略。automaticは「自動の」。tellerはもともとは「銀行などの窓口係」のこと。

24

ATMからカードが出てこないよ。

エイ(t)

The ATM ate my card.

ATMを擬人化した表現。eatには「（機械などが）～を飲み込む」という意味がある。

25

暗証番号が思い出せない。

I can't remember my PIN.

rememberは「～を思い出す、覚えている」。PIN は personal identification number（[キャッシュカードなどの] 暗証番号、個人識別番号）のこと。identificationは「身元確認、同一証明」。

26

＜入力しながら＞暗証番号これだったっけ？　当たり！

ビーンゴウ

Is this my PIN?-Bingo!

丸覚え表現 Bingo!（当たり!）

ビンゴゲームの勝者の歓声からきた言葉で、日本語でもよく使う表現。「当たり！」「やったー、ワーイ」「できた」といった意味。

27

うわ、残高マイナスだ。

オゥヴ

Jeez. My account is overdrawn.

間投詞 jeez（しまった、ちぇっ）➡ p15参照

accountは「口座」。overdrawnは「預金を引き出し過ぎた、借り越しの」。

♪MP3 10

28

もう口座にお金がない。

There's no more money in my bank account.

There is no more ~ で「～はもはやまったくない」の意味。例）There is no more time.（もう時間が全然ない）

29

次の給料日までどうやって暮らそう?

How can I live until（アンティウ） next payday?

How can I ~ は「いったいどうやったら～できるのか？（ちょっとできそうにない）」。until ~ は「～までずっと」。paydayは「給料日」。

ときどき記帳しとかなきゃ。

I'd better（ベラヘ） update my bank book sometimes.

入れ替え表現 I'd better ～（～した方がいい）➡ p12参照
updateは「～を更新する、最新のものにする」。bank bookは「銀行の通帳」。sometimesは「ときどき」。

銀行って何時にしまるんだっけ?

What time does the bank close?

closeの発音に注意。例文の動詞「しまる」の意味では「クロウズ」となり、形容詞「近い、親しい」の意味では「クロウス」となる。

毎月2万円貯金するつもり。

セイ(ヴ)

I'm going to save 20,000 yen every

ス

month.

saveは「～を貯蓄する、たくわえる、とっておく」。

33

利率ってどれくらいだろう?

What's the interest rate?

interestには「興味」「興味を持たせる」のほかに「利子、利息」の意味もある。rateは「率、割合」。interest rate(利率)の形でよく使われる。

彼女、1年で100万貯めたの? すご～い。

イエン

She saved one million yen in one year? Incredible!

丸覚え表現 **Incredible!** (すごい!)

incredibleは「信じられない、途方もない、すごい」の意味の形容詞。あまりのすごさ、素晴らしさに感心したり驚いたりしたときに思わず口にする言葉。

in ~ は「～の期間を費やして」。

♪MP3 10

35

海外への小包の送り方がわかんない。

I don’t know how to send a parcel abroad.

入れ替え表現 I don’t know how to ～（～の仕方がわからない）➡ p13参照
「小包」は parcel または package。「海外へ、国外へ」は副詞の abroad。例）move abroad（海外へ移住する）

EMSってお金がかかるなあ。

ソヘゥ

EMS is so expensive.

EMSは Express Mail Service（国際スピード郵便）の略。expressは「速達、急行」。expensiveは「高価な、費用のかかる」。

37

この小包、書留にしたいんですけど。

パーソゥ

I’d like to register this parcel.

入れ替え表現 I’d like to ~（～したい）➡ p11参照
registerは「（郵便物を）書留にする」。

これ、割れ物だよね。

イズネ(t)↗

This is fragile, isn’t it?

fragileは「割れやすい、もろい」。割れ物の入った配送物のステッカーや箱には Fragile（割れ物注意）とある。~, isn’t it?（～ですよね）は念を押す付加疑問文。

39

以前、記念切手を集めてたんだ。

I used to collect commemorative stamps.

入れ替え表現 I used to ～（以前は～していたものだった）➡ p14参照
commemorative は「記念の、記念品」。stampは「切手」。

なんか体調が悪い。

I don't feel well.

入れ替え表現 I feel ～（～な気分だ）➡ p13参照
例文は体調が悪いときによく口にする言い方。

41

ああ、頭痛い。

Oh, no. I have a headache. (ヘデイ(ク))

headacheは「頭痛」。acheは「痛み」。「歯痛」は toothache。

頭痛薬あったかな?

Is there any headache medicine? (メディスン⤴)

medicineは「医薬、薬剤」。「丸薬」は pills、「錠剤」は tablets。

♪MP3 10

43

うっ、苦い！

ビラへ

Yuck! It's really bitter!

間投詞 yuck（げっ）➡ p16参照
really（実に、とても）は主に感情や感覚などを表す形容詞・副詞、動詞を強調する。

この薬、効くといいんだけど。

I hope this medicine works.

I hope ~ は「～を望む」。workは「（薬などが）効く」「うまくいく」。

頭痛が治まった。

ウェンナウェイ

My headache went away.

went awayは go away（［病気が］治る、消え失せる）の過去形。

くしゃみが止まらない。

I can't stop sneezing.

I can't stop ~ingは「～することを（自分の意志で）中断することができない」。例）I can't stop crying.（涙が止まらない）sneezingの原形は sneeze（くしゃみをする）。

47

医者行かなきゃ。

ダー(ク)ター

I'd better go see a doctor.

see a doctorは「医者に見てもらう」。go [to] see a doctor（医者に見てもらうために行く）は、例文のように toを省略した形でよく使う。

なかなか順番が来ないなあ。

ウェニズィ(t)

When is it my turn?

turn は「順番」。例）It's your turn.（あなたの番ですよ） このシチュエーションでは、They're not calling me.（彼らは私を呼ばない→自分の名前が呼ばれない）と言ってもよい。

49

大した病気でなくてよかった。

イーゥ

I'm glad I'm not seriously ill.

I'm glad ~ は「～でうれしい、～でよかった」。seriously illは「重病で」。

Quick Check ／ Chapter 5 に出てきたフレーズの復習

以下の日本語の意味になるよう英文を完成させてください。答えはページの下にあります。

❶新聞の折り込み広告をチェックする。 ➡P112
I check (　　　)(　　　).

❷買い物に行く。 ➡P112
I (　　　)(　　　).

❸ただ見て回るのが好きなんだよね。 ➡P124
I (　　　)(　　　)(　　　)(　　　).

❹スカートを試着する。 ➡P113
I (　　　)(　　　) a skirt.

❺まけてくれないかな。 ➡P126
I wonder if they'll (　　　)(　　　)(　　　)(　　　).

❻レシートとおつりを受け取る。 ➡P114
I receive a (　　　) and (　　　)(　　　).

❼口座からお金を下ろす。 ➡P116
I (　　　) money from my (　　　).

❽暗証番号が思い出せない。 ➡P129
I can't (　　　) my (　　　).

❾手紙をポストに投函する。 ➡P119
I (　　　) a letter (　　　) a (　　　).

❿毎週医者に通う。 ➡P120
I (　　　)(　　　)(　　　) every week.

❶newspaper/inserts
❷go/shopping
❸like/just/looking/around
❹try/on
❺give/me/a/discount
❻receipt/my/change
❼withdraw/account
❽remember/PIN
❾drop/into/mailbox
❿see/the/doctor

Chapter 6

Eating Out
／
外食

毎日お店で食べる人もいれば、
ときどき居酒屋で気晴らししたり、
あるいはたまのハレの日にレストランに
行ったりする人もいるでしょう。
お店の品定めからお勘定を払うまで
外食に関する一連の表現を学んでみましょう。

Words ／ 単語編

外食のシーンに関連する単語を覚えよう!

❶ fancy restaurant
❷ dress code
❸ dinner
❹ tavern
❺ reservation
❻ à la carte dish
❼ special
❽ menu
❾ hand towel

⑩コース／定食
⑪メインディッシュ
⑫牛肉
⑬ステーキ
⑭ソース
⑯スープ
⑮生の魚介類
⑰サラダ
⑲乾杯
㉑ワイン
⑱（食事の）お代わり
⑳ビール
㉓勘定
㉒（ワインなどの）風味

⑩ **set meal**
⑪ **main dish**
⑫ **beef**
⑬ **steak**
⑭ **sauce**
⑮ **raw seafood**
⑯ **soup**
⑰ **salad**
⑱ **seconds**
⑲ **toast**
⑳ **beer**
㉑ **wine**
㉒ **flavor**
㉓ **bill/check**

♪MP3 11

Behavior ／ 動作表現

外食にまつわる動作を英語で言ってみよう！

1＿予約する

メイカ　ヴェイ

I make a reservation.

2＿高級レストランへ行く

I go to a fancy restaurant.

3＿メニューを頼む

I ask for a menu.

4＿一品料理を頼む

I order à la carte.

5＿グラスにビールを注ぐ

ポア　ビア

I pour beer into a glass.

tips

1＿ホテルの宿泊やレストランなどの席の予約はreservation。人と会う予約や診察予約はappointment。

2＿fancyは「高級な、しゃれた、趣向を凝らした」。

4＿このà la carteは「一品で」の意味の副詞。

5＿pour ~ into ... は「(液体を) …に流し込む、注ぎ込む」。

tips

6_「乾杯」は toast。通常2人以上による行為なので主語は we。

7_sip は「～をちびちび飲む」。ship(船)に聞こえないように発音。

8_break は「折る、割る」のほかに「(パンなどを)ちぎる」の意味も。piece は「断片」。break ~ into small pieces で「～を細かい断片にまでちぎる」。

9-10_taste は「～を味見する」。eat は「～を食べる、(スプーンで)飲む」。

6_ 乾杯する

メイカ　トウ(スト)

We make a toast.

7_ ビールを一口する

スィッ(p)　ビァ

I sip my beer.

8_ パンを細かくちぎる

I break the bread into small pieces.

9_ 料理の味を見る

テイ(スト)

I taste the food.

10_ スープを飲む

I eat soup.

Chapter 1 朝
Chapter 2 通勤
Chapter 3 仕事
Chapter 4 家事
Chapter 5 買い物・用事
Chapter 6 外食
Chapter 7 レジャー
Chapter 8 夜

♪MP3 11

11_ ステーキをかむ

ステイ(ク)
I chew the steak.

12_ ナプキンで口をふく

ス
I wipe my mouth with the napkin.

13_ ボトルで注文する

ボーロゥ
I get a bottle.

14_ 水をおかわりする

I ask for more water.

15_ 勘定を頼む

チエヘ(ク)
I ask for the check.

tips

11_ chew は「～を噛み砕く、そしゃくする」。

12_ wipe は「(布や手で) ～をぬぐう、ふく」。mouthはmouse(ネズミ)に聞こえないように。

14_「より多くの水を要求する」→「水をおかわりする」。

15_ check は「(飲食店などの) 勘定書、伝票、請求書」。

16_ 夕飯をおごる

I buy someone dinner.

17_ 割り勘にする

We split the bill. (bill: ビウ)

18_ 支払いをテーブルですませる

I pay at the table. (table: テイボゥ)

19_ ウエートレスにチップをあげる

I tip the waitress. (tip: ティッ(p) / wai: ウェイ)

tips

16_ buy は「～に食事をおごる」の意味でもよく使う。例）Buy me lunch.（ランチおごって）

17_ split は「～を分け合う、分担する」。bill(=check)は「勘定書」。

19_「～にチップをあげる」はtip。give ~ a tipとも言える。

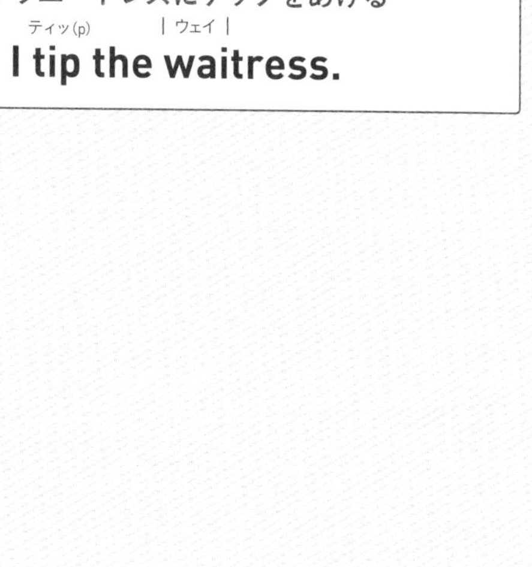

♪MP3 12

おいしく味わう外食のつぶやき

1

新しくできた韓国料理店に行ってみたい。

I'd like to try the new Korean restaurant.

入れ替え表現 I'd like to ～（～したい）➡ p11参照
tryは「試しに（食べて／飲んで／使って／やって）みる」。例）try a new hairstyle（新しいヘアスタイルにしてみる）Koreanは Korea（韓国）の形容詞。

新宿にいい居酒屋があるんだ。

There's a nice tavern in Shinjuku.

入れ替え表現 There's ～（～がある）➡ p14参照
tavernは「居酒屋、バー」。

3

イタリアンはどうだろ?

How about Italian?

How about ~ ?は「～はどうですか?」という提案・誘いの表現。Italianは Italy（イタリア）の形容詞。この場合は、Italian restaurant/foodの略。

このレストラン高そうだけど、ほんとにお手頃。

This restaurant looks expensive, but it's really reasonable.

入れ替え表現 look ～（～のように見える）➡ p14参照
expensiveは「値段が高い」。reasonableは「値段がまあまあ、手頃な」。

5

飲み放題だよ。

It's all-you-can-drink.

all-you-can-drink（eat）は「飲み（食べ）放題の」。例）all-you-can-eat-and-drink restaurant（食べ放題・飲み放題のレストラン）

6

夕飯をおごるよ。

I'll buy you dinner.

buyは「～におごる」。例）Buy me a coffee.（コーヒーを一杯おごって）

7

予約はいるのかな？

I wonder if a reservation is necessary.

入れ替え表現 I wonder if ～（～かしら）➡ p13参照
「予約」は reservation、necessaryは「必要な」。

8

ドレスコードってあるのかな？

I wonder if they have a dress code.

dress codeは「（学校、オフィス、改まった席などの）服装規定」。ここでの they は漠然と「お店（の人たち）」を表す。だれかを特定するわけではない。

♪MP3 12

9

今、満席だ。

They are full now.

この they も「お店（の人たち）」。fullは「満員の」。例）This flight is full.（このフライトは満席です）

相席はいやだ。

ワントゥ

I don’t want to share a table.

入れ替え表現 I want to ～（～したい）➡ p11参照

share は「（部屋などを）共有する」。share a table で「相席する」。don't wantを強調して言ってみよう。

窓際のテーブルの方がいい。

I prefer the table by the window.

prefer は「～の方が好き」。比べるものがあるときは prefer ~ to ...（…より～の方が好き）となる。by ~ は「～のすぐそばの」。

おしぼりが欲しい。

ライカ　タウォ

I’d like a hand towel.

I'd like ~ で「～が欲しい」。注文するときにも使う。

13

今日のお薦めは何かな?

スペショウ

What's today's special?

このspecialは名詞で「(店自慢の) 特別料理」。What's the special today? と言ってもよい。

14

どっちの牛肉もおいしそう。何が違うの?

ボウ㋜

Both kinds of beef sound delicious. What's the difference?

丸覚え表現 What's the difference? (どこが違うの?)

違いについて説明を求める表現。differenceは different (違う) の名詞形。状況によっては、「どっちでもいいじゃないか」「違いなんかどうでもいい」という反語的な意味にもなる。

bothは「両方の」。kindは「種類」。sound ~ はこの場合、お店の人に聞いたりメニューを読んだりして「～だと思える」という意味。

15

生の魚介類は苦手なの。

I'm not fond of raw seafood.

be fond of ~ は「～が好きだ」。be not fond of ~ で「～が好きではない、～が苦手だ」となる。rawは「生の、料理されていない」。rawの発音はよく聞いて練習しよう。

♪MP3 12

16

サラダがおいしそうだ。

The salad sounds good.

この sound ~ は⓮と同じ。「生野菜サラダ」は fresh salad、「温野菜サラダ、加熱調理した野菜のサラダ」は cooked salad。

このコースにしよう。

セッ(t)ミーゥ

I'll have this set meal.

入れ替え表現 I'll 〜（〜しよう）➡ p12参照
I'll have ~ は「〜を食べよう」という意志を表すが、「〜をください」とお店の人に注文する表現でもある。

ビールがよく冷えてる。

ビア

The beer is nice and cold.

nice and ~ はポジティブな形容詞の前に用いて「とても〜、ずいぶん〜」と強調する表現。日常よく使われる。例）It's nice and cool today.（きょうは気持ちのいい涼しさだ）

このワイン、風味がすごく強い。

This wine has a strong flavor.

flavorは「（ある物の特徴的な）味わい、風味」。

20

乾杯したいと思います。

|ポウ| |トウ|

I'd like to propose a toast.

proposeは「(乾杯の) 音頭をとる」。toastは「乾杯」。propose a toastでまとめて覚えよう。

21

これ、おいしい。

It's tasty.

単に「おいしい」だけならnice、goodでもよい。tastyは「風味のきいた、うまい、(手をかけて作った料理が) おいしい」。一般に、tastyは甘いものには使わない。また、㉒のdeliciousと違って、一語で "Tasty!" と言うことは通常ない。

22

おいしい!

ディリシャス

Delicious!

丸覚え表現 ▶ **Delicious!** (おいしい!)

tastyよりも高揚感が強く出た表現。ややオーバーな言葉で、通常飲み物程度には使わない。例) "How does that tiramisu taste?" (そのティラミス、味はどう?) "Delicious!" (おいしい!)

♪MP3 12

23

これ、すごく辛い!

It's really spicy!

「香辛料が効いて辛い」はspicyで表す。「塩辛い」はsalty、「からしなどがひりひりして辛い」はhot、お酒が「辛口の」はdryで表す。reallyを強調して言うと、より切実さが出る。

24

これ、大好き!

ラヘ(ヴ)

I love this.

丸覚え表現 **I love this.** (これ、大好き)
食べ物や音楽、着る物などについて、自分の好みを言う際に、「すごく好き」の意味でよく使う表現。当然ながら、I like this.よりも好きな度合いが強い。

25

おかわりもらいたいな。

セカン(ズ)

I'd like to have seconds.

second(2番目)の複数形で「おかわり」の意味になる。例)This stew is delicious! Can I have seconds?(このシチューすごくおいしい。おかわりしてもいいかしら)

26

メインディッシュが来た——これだけ?

Here comes the main dish. Is that all?

丸覚え表現 **Is that all?** (これだけ?)

直訳は「それで全部ですか?」。期待はずれの少なさにがっかりした気持ちを表す表現。例) "You'll get an extra 1 percent of your salary." (給料の1パーセント昇給となります) "Is that all?" (そんだけ?)

Here comes ~. は「ほら、~が来た」。例) Here comes the sun. (ほら、日が差してきたよ) Is that all? は音を思いきり上げて、驚きを表現してみよう。

27

満腹だ。

I'm full.

丸覚え表現 **I'm full.** (お腹いっぱい)

この full は「満腹だ」の意味。「これ以上食べられない」ときに使う。I've had enough. (もうたくさんだ、うんざり) と混同しないように。例) "Do you have seconds?" (おかわりは?) "I'm full." (もうお腹いっぱいだよ)

♪MP3
12

28

このソース、ステーキに合ってる。

ステイ(ク)

This sauce goes well with the steak.

go well with ~ は「～とても合う、釣り合う、似合っている」。一語で matchに置き換えられる。食べ物だけでなく、着る物の取り合わせなどにも使える。例）This tie goes well with the shirt.（このネクタイ、そのシャツとよく合ってるよ）

スープが冷めてる。

コヘウ(ド)

The soup is cold.

「熱々の」なら hot、steaming（湯気を立てている)、steaming hot（湯気が出るほど熱い）など。例）steaming coffee（熱々のコーヒー)、steaming hot water（ぐらぐらと熱い湯）

ここ、サービス悪いな。

スーヴィ(ス)

The service here is terrible.

terribleは「ひどく嫌な、とても不快な」「恐ろしい」などネガティブな形容詞。
例）terrible food（まずい食べ物）

ここの料理、ちょっとしたものね。

The food here is really something.

somethingは名詞として「大した物（人)、大切な物（人)」という意味がある。
例）That's something.（大したもんだ）／He thinks he's something.（あいつは自分をひとかどの人間だと思い込んでる）

素晴らしいディナーだった。

That was a great dinner.

greatは /r/をしっかりと発音しよう。

お金が足りない。

I don't have enough (イナフ) money.

enoughは形容詞「十分な」。例）I have enough rice.（米は十分にある）

勘定が間違っているようだ。

I'm afraid the check is not correct.

I'm afraid ~ は「残念ながら〜だと思う」。ネガティブな事柄について、婉曲的に用いる。ややフォーマルな表現。例）I'm afraid it's going to rain tomorrow.（残念だけど、明日は雨だと思う）／I'm afraid I can't do that.（悪いけど、それはできません）correctは /r/を意識して発音しよう。

Quick Check ／ Chapter6に出てきたフレーズの復習

以下の日本語の意味になるよう英文を完成させてください。答えはページの下にあります。

❶ (レストランを) 予約する。 ➡P140
I (　　) (　　) (　　).

❷ イタリアンはどうだろ? ➡P144
(　　) (　　) Italian?

❸ 夕飯をおごるよ。 ➡P145
I'll (　　) (　　) dinner.

❹ メニューを頼む。 ➡P140
I (　　) (　　) a (　　).

❺ サラダがおいしそうだ。 ➡P148
The salad (　　) (　　).

❻ スープを飲む。 ➡P141
I (　　) soup.

❼ ビールがよく冷えてる。 ➡P148
The beer is (　　) and (　　).

❽ このソース、ステーキに合ってる。 ➡P152
This sauce (　　) (　　) (　　) the steak.

❾ 満腹だ。 ➡P151
I'm (　　).

❿ 勘定を頼む。 ➡P142
I ask for the (　　).

❶ make / a / reservation
❷ How / about
❸ buy / you
❹ ask / for / menu
❺ sounds / good
❻ eat
❼ nice / cold
❽ goes / well / with
❾ full
❿ check

Chapter 7

Leisure
／
レジャー

オフの時間を楽しむ際の
行動や気持ちに関する表現です。
映画館、美術館、ライブ、遊園地などで
感動したり興奮を味わったりしたときの
感情表現も盛り込まれています。

Words ／ 単語編

レジャーのシーンに関連する単語を覚えよう!

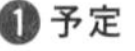

❾ 展示(物)
❿ 絵画
⓫ 現代美術

- ❶ plan
- ❷ date
- ❸ movie
- ❹ Ladies' Day
- ❺ subtitles
- ❻ entrance
- ❼ line
- ❽ wait
- ❾ exhibit
- ❿ painting
- ⓫ modern art

⑫ **concert**
⑬ **encore**
⑭ **lyrics**
⑮ **amusement park**
⑯ **roller coaster**
⑰ **scary ride**
⑱ **haunted house**
⑲ **picture/photo**
⑳ **drive**
㉑ **bike ride / cycling**
㉒ **tennis school**
㉓ **hot spring**
㉔ **outdoor hot spring**
㉕ **day trip**
㉖ **scenery**
㉗ **offline gathering**

♪MP3 13

Behavior ／ 動作表現

レジャーにまつわる動作を英語で言ってみよう！

1_ 明日の予定を立てる

メイカ

I make a plan for tomorrow.

2_ 彼をデートに誘う

アナ　ディ(ト)

I ask him out on a date.

3_ 映画に行く

ムーヴィ

I go to a movie.

4_ 入り口でボーイフレンドを待つ

I wait for my boyfriend at the entrance.

tips

1_make a plan for ~ の後には主に日程や期間が続く。

2_ask ~ out だけでも「～をデートに誘う」の意味になる。

4_「～を待つ」はwait for ~。boyfriendは通常「恋人」の意味になるので使い方に注意。単なる男友達ならa friend of mine、a male friendで。

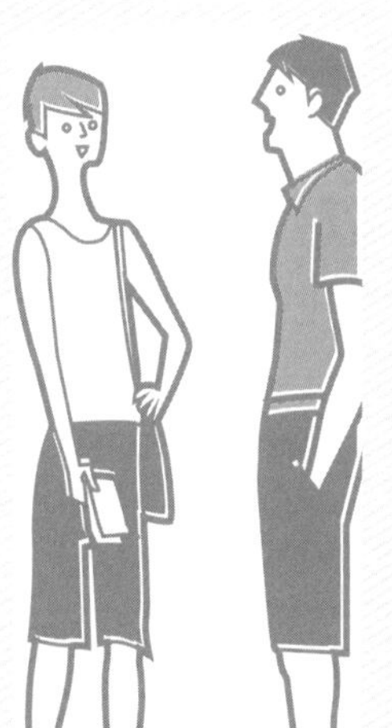

tips

5_wait in line (for ~)は「列に並んで(~を)待つ」。wait は standでも。例) stand in a long line(長い列に並ぶ)

7_「展示(物)」はexhibit。

8_「味わう」感じを出すためにenjoy ~ing(~するのを楽しむ)を使う。

5_ 切符を求めて列に並ぶ

I wait in line for a ticket. (ウェイリン / ティ)

6_ 切符を買う

I buy a ticket. (ティ)

7_ 展示物を見る

I see the exhibits. (イグズィビッツ)

8_ 絵を鑑賞する

I enjoy looking at the paintings.

Chapter 1 朝
Chapter 2 通勤
Chapter 3 仕事
Chapter 4 家事
Chapter 5 買い物・用事
Chapter 6 外食

Chapter 8 夜

♪MP3 13

9_ ライブに行く

I go to the concert.

10_ ネットでライブのチケットを予約する

I reserve a ticket for the concert online.

（ルビ: reserve ｜ヴ｜、ticket ティ）

11_ 歌手に拍手を送る

I applaud the singer.

（ルビ: applaud ア(p)ロー(ド)）

12_ 音楽に合わせて踊る

I dance to the music.

tips

9_「ライブ」はlive(生の)からきた和製英語。「生で行われる」前提ならconcertでよい。

10_ onlineは「オンラインで、インターネットで」の意味の副詞。

11_ applaudで「～に対して拍手を送る、称賛する」。

12_「音楽に合わせて」はto the music。

tips

14_ jet coaster (×)(和製英語)とは言わないので注意。

15_ go into ~ は「～に入り込む」。hauntedは「幽霊にとりつかれた」。

16_「散歩する」は take a walk。

13_ 遊園地に行く

I go to an amusement park.

14_ ジェットコースターに乗る

I ride the roller coaster.

15_ お化け屋敷に入る

ホーンテッ(d)

I go into the haunted house.

16_ 公園を散歩する

テイカ

I take a walk in the park.

17_ 写真を撮る

I take pictures.

Chapter 1 朝
Chapter 2 通勤
Chapter 3 仕事
Chapter 4 家事
Chapter 5 買い物・用事
Chapter 6 外食
Chapter 7 レジャー
Chapter 8 夜

♪MP3 13

18_ ドライブに行く

I go for a drive.

19_ サイクリングに行く

I go for a bike ride.

20_ ハイキングに行く

I go hiking.

21_ スキーに行く

I go skiing.

22_ テニス教室に通う

I go to tennis school.

23_ ホームパーティーを開く

ハヴァ

I have a party at my place.

tips

18-19_ go for ~ (行為や目的を表す名詞)で「～しに行く」。

20-21_ go ~ingで「～しに行く」。

23_ 「ホームパーティー」は和製英語。「パーティーを開く」は have a party。「自宅で」は at my home より at my place をよく使う。

tips

24_「一泊旅行に行く」なら make an overnight trip。

25_「温泉」は hot spring。resort は「行楽地」。

26_ take a bath は「入浴する」。outdoor は「戸外の」。

27_ offlineは「インターネット上ではない場の、リアルの」。

24_ 日帰り旅行に行く

メイカ

I make a day trip.

25_ 温泉に行く

ハッ

I go to a hot spring resort.

26_ 露天風呂に入る

テイカ ス ハッ

I take a bath in an outdoor hot spring.

27_ オフ会に行く

ザ

I go to an offline gathering.

めいっぱい楽しむ余暇のつぶやき

1

今日は彼とデートなの。

デヘィ(ト)

I have a date with my boyfriend today.

have a date with ~ で「～とデートをする」。make a date with ~も同じ。

2

すっごく楽しみ。

キェヘン(ト)

I can't wait!

丸覚え表現 **I can't wait!** (楽しみ!)
直訳は「待てない」→「待ちきれない」、つまり「楽しみだ」の意味になる。can't を強調し、感情を込めて言うのがポイント。状況によっては文字通り「もう待てないぞ」という意味になる。

3

今日は何を着たらいいかな?

シュダイ

What should I wear today?

入れ替え表現 I should ～ (～しなくちゃ) **➡ p12参照**
wearは「～を身に着けている」状態を表す。put on ~ は「～を身に着ける」動作を表す。使い分けに注意しよう。

4

お、彼女、今日はめかしこんでるな。

Oh, she's dressed up today.

be dressed up で「着飾っている、ドレスアップしている」。例）She's dressed up in a *kimono*.（彼女は着物で盛装している）

5

今、何の映画やってるかな？

What's playing now?

この playは「（芝居や映画などが）上演・上映される」という意味。通常、~ingの形で使われる。例）*Gloria* is playing at that theater.（あの映画館で『グロリア』が上映中だ）

だれが出てるの？

イネッ(t)

Who's in it?

直訳すると「だれがその中にいる？」。映画などの話題でこう言うと、「だれが出ているの？」という意味になる。

今日って、レディースデーだったかな？

レイディヘ(ズ)

I wonder if today is Ladies' Day.

入れ替え表現 I wonder if 〜（〜かしら）➡ p13参照
Ladies' Dayは映画館やスポーツ観戦などの「女性優待日」。

8

君が気に入るといいんだけど。

ライキッ(t)

I hope you like it.

入れ換え表現 I hope 〜（〜だといいな）➡ p13参照
hope そのものが未来を想像させる動詞なので、like は現在形で使っていい。

9

なかなか面白そうじゃない。

イヘン

Sounds interesting.

丸覚え表現 ▶ Sounds interesting.（面白そう）
That sounds interesting.の省略。Sounds ~.（[聞いた感じでは] 〜のように思える）はとてもよく使われるが、このフレーズはその代表格。Sounds nice.（いいねえ）と合わせて、反射的に口から出るようにしたい。

10

この映画、つまんないね。

ムーヴィ(ズ)

This movie is boring.

boringは「退屈な、(人を) うんざりさせる」。「(人が) うんざりしている」場合は、boredを使う。　例）boring book（退屈な本）／boring joke（つまらないジョーク）／bored audience（退屈した観客）／He was bored by his client's singing at *karaoke*.（彼はクライアントのカラオケにうんざりした）

11

素晴らしい!

アメ⤴イズィン(g)⤵

Amazing!

丸覚え表現 **Amazing!** (素晴らしい!)
amazingは「(物事が人を)びっくりさせるような」の意味。「たいしたものだ」「見事だ」と言いたいときに使う。Incredible!(p131㉞)など一語で感情を表す形容詞の代表格。気持ちを込めて言ってみよう。

12

感動した。

ムーヴ(d)

It really moved me.

move には「物理的に物を動かす」ほかに、「人の心を動かす、感動させる、興奮させる」の意味がある。例)His speech moved me.(彼のスピーチに感動した)

13

字幕なしで映画がわかるようになりたいなあ。

ムーヴィ / サ(ブ)タイロウ(ズ)

I want to understand the movie without the subtitles.

入れ替え表現 I want to 〜(〜したい)➡ p11参照
without ~ は「〜なしで」。subtitlesは「映画やテレビの字幕」。通常、複数形で使う。

14

この歌詞大好き。

I love the lyrics of this song.

loveは「～がものすごく好き」という自分の好みを表す。「歌詞」の lyrics は通常複数形。

きっとアンコールやってくれるよ。

I'm sure they'll play an encore.（アンコア）

入れ替え表現 I'm sure ～（きっと～だ）➡ p13参照。
「アンコール（曲）、再演奏」はフランス語由来。

<コンサートの途中で>もうたくさんだ、帰る。

I'm going home. I've had enough!

丸覚え表現 ▶ I've had enough.（もうたくさんだ）
この enough（十分な量）は代名詞。I've had（I have had）は現在完了形で「～を持った（経験した）ところだ」の意味。「もう十分味わった」とうんざりした気持ちを表す。ごちそうしてもらって I've had enough.とは言わない。

とても近い未来を表す「今すぐ帰るつもりだ」は be going home と進行形で。I've had enough.はうんざりした気持ちを込めて言ってみよう。

17

すごい並んでる！

ロヘン(g)　ラヘイン

What a long line!

What a mess!（何て散らかりようだ！　p96❶参照）のように、What ~ !の形で～に名詞を入れると「何て～なんだ！」の意味だが、その名詞を形容詞で修飾するとより具体的になる。例）What a terrible mess!（何てひどい散らかりようだ！）

18

待ち時間どのくらい？

How long is the wait?

wait には「待つ」のほか、名詞として「待ち時間」の意味もある。例）I had a long wait for the train.（長い間、列車を待った）

19

待ち時間はマジで5時間だよ。

ミーネッ(t)

The wait is five hours. I mean it.

丸覚え表現 **I mean it.**（冗談じゃないよ、本当だよ）

mean は「～のことを言おうとしている」。何か信じがたいようなことを言った後に I mean it.と添えると、「今言ったことは文字通り本当のことで、うそやシャレではない」の意味になる。

20

現代美術のこと何も知らないんだ。

ナ㊇ィン(g)

I know nothing about modern art.

know nothing about ~で「～について何もしらない」。know something about ~と言うと「～についてけっこう知識がある、たしなみがある」。

21

うーむ、悪くないわね。

ナッ ↘

Hmm... Not bad.

丸覚え表現 ▶ **Not bad.** (悪くないね、やるじゃないか)

直訳だと「悪くない」だが、「やるじゃないか」といった、かなり気に入っているニュアンスになる。例) "Not bad." (悪くないね) "Wow. You really like it?" (やったー、本当に気に入ってくれたのね?)

22

ええっと・・・すごく独特だよね。

ユニへ(ク)

Well... it's very unique.

uniqueは「独特の」「類のない」「大変珍しい、普通でない」。必ずしもほめるための形容詞ではなく、評価を控えたいときなどに使われる単語。

23

あの新型絶叫マシーン、スリル満点だよ。

That new scary ride is really thrilling.

遊園地のいわゆる「絶叫マシン」は scary ride（恐ろしい乗り物）、thrill ride などと表す。thrilling は「スリルに富んだ、身の毛もよだつような、ワクワクさせる」。

24

すっごく怖い。

I'm so scared.

scared は「おびえた、怖がった」。例）Are you scared?（怖いの？）／scared child（おびえた子ども）

25

泣きたい気分。

I feel like crying.

入れ替え表現 feel like ~ing（～したい気分だ）➡ p13参照
「もう、泣きたいよ」と惨めさ、悲しみ、心細さなどを表す定番フレーズ。

♪MP3 14

26

明日は雨なんか降らないよ。絶対にね。

パーズィティ(ヴ)

It won't rain tomorrow. I'm positive.

丸覚え表現 **I'm positive.**（絶対です）

この positiveは「自信のある、確信している」。自分の発言に対して自信満々なとき、あるいは疑いをかけられたときにこう言う。

「雨が降る」は It rains.。「降らないだろう」と未来を否定することから、won't を使って It won't rain となる。

27

今日はピクニック日和だ。

Today is a great day for a picnic.

a great day for ~ で「～に最適な日、～にぴったりの日」を表す。

28

素晴らしい景色だ。

スィ　アメイズィン(g)

The scenery is amazing.

sceneryは「風景、景色、景観」。scenesの集合体を表しているので sceneries (×) のように複数形にはしない。amazing（驚嘆させるような、見事な）も great同様、日常会話の中でよく使われ、一語で感嘆表現となる（p167⑪参照）。

29

気分いい。

I feel great.

入れ替え表現 I feel 〜（〜な気分だ）➡ p13参照
great（偉大な、巨大な）は、日常会話の中では「すてき、素晴らしい」の意味で頻繁に口にする。Great!一語でも感嘆表現としてよく使われる。ただ、嘆息しながら言ったりすると「最悪だ」と皮肉っぽく聞こえるので注意。例）You look great today.（今日はすてきですね、かっこいいね）

30

とても楽しかった。

ハダ

I had a very good time.

「楽しかった」の最も一般的な表現。fun（楽しみ）を使って、I had a lot of fun.、It was so much fun.とも言う。

31

もうこんな時間だ。

ルキェッ

Look at the time.

丸覚え表現 **Look at the time.**（もうこんな時間だ）
この time は「(時計が示す)時刻」。look at ~ は「〜を見る」。だから「時間を見ろ」→「もうこんな時間だ」という意味になる。会話や宴席を切り上げるきっかけにもなる便利な一言。

時間がたつのって早いね。

フラヘイ(ズ)

Time flies.

丸覚え表現 **Time flies.** (時のたつのは早いね)
flyは「飛ぶ」。「時間は飛ぶ」→「時間はすぐに過ぎ去る」。文字どおりことわざの「光陰矢のごとし」。Times passes quickly.とも言い換えられる。

もうさよならの時間だ。

ターイ(ム)

It's time to say goodbye.

It's time to ~ は「～するべき時間だ、～する時がきた」。例文の直訳は「もうさよならと言わなければならない時間だ」。例) It's time to go to bed.(もう寝る時間だ)

帰りたくない!

ワナ

I don't want to go home!

go home で「家に帰る」。

35

もう帰るね。

アー(フ)

I'm off.

丸覚え表現 **I'm off.** (もう行くね、さよなら)

このoffは「立ち去って、出発して、出かけて」。ある場所を立ち去ってどこかへ行くときに、残る人々へのあいさつの言葉として使われる。例)I'm off. See you later.(もう行くね。じゃあまた)

36

帰るの? 電話して。

カゥミ

Are you off? Call me.

丸覚え表現 **Call me.** (電話して、連絡して)

この call は「〜に電話する」。日本語でも別れる際に「電話して」「連絡して」と言うのと同じ。You call me. の形でもよく使う。例)"I must go now."(もう行かなきゃ)"Call me."(電話して)

Quick Check ／ Chapter7に出てきたフレーズの復習

以下の日本語の意味になるよう英文を完成させてください。答えはページの下にあります。

❶彼をデートに誘う。 ➡P158
I (　　　) him (　　　) (　　　) a date.

❷今、何の映画やってるかな? ➡P165
(　　　) (　　　) now?

❸切符を求めて列に並ぶ。 ➡P159
I (　　　) (　　　) (　　　) for a ticket.

❹なかなか面白そうじゃない。 ➡P166
(　　　) (　　　).

❺ネットでライブのチケットを予約する。 ➡P160
I (　　　) a ticket for the (　　　) (　　　).

❻待ち時間どのくらい? ➡P169
(　　　) (　　　) is the (　　　)?

❼公園を散歩する。 ➡P161
I (　　　) (　　　) (　　　) in the park.

❽日帰り旅行に行く。 ➡P163
I (　　　) a (　　　) (　　　).

❾もうこんな時間だ。 ➡P173
(　　　) (　　　) the (　　　).

❿帰るの?　電話して。 ➡P175
Are you (　　　)? (　　　) (　　　).

❶ask/out/on
❷What's/playing
❸wait/in/line
❹Sounds/interesting
❺reserve/concert/online
❻How/long/wait
❼take/a/walk
❽make/day/trip
❾Look/at/time
❿off/Call/me

Chapter 8

At Night ／ 夜

夜、帰宅してから床につくまでの
ひとときに関する表現です。
ほっと一息ついて、リラックスしたり
趣味を楽しんだり。
自分をケアして、明日に向けて英気を養う際の
行動や思わず口を突いて出る表現を紹介。

Words／単語編

夜のシーンに関連する単語を覚えよう!

❶ doorbell
❷ doorknob
❸ light
❹ answering machine
❺ bath
❻ bathtub
❼ shampoo
❽ conditioner
❾ muscle
❿ skin
⓫ scale
⓬ weight
⓭ diet

⑭ hot summer night
⑮ air-conditioner
⑯ television
⑰ show/program
⑱ drama series
⑲ actor
⑳ commentator
㉑ midnight/late-night snack
㉒ remote control
㉓ video game
㉔ smartphone
㉕ diary
㉖ online auction
㉗ novel

♪MP3 15

Behavior / 動作表現

夜にまつわる動作を英語で言ってみよう!

1＿帰宅する

I come home.

2＿ドアのベルを鳴らす

I ring the doorbell.

3＿ドアノブを回す

｜ナーッ(b)｜

I turn the doorknob.

4＿明かりをつける

｜トゥーナーン｜

I turn on the light.

5＿着替える

クロウ(ズ)

I change clothes.

tips

2＿「(ベルを)鳴らす」はring。「ドアをノックする」はknock at / on the door。

3＿doorknobのkは発音しない。

4＿turn on ~ は「(電気・ガスなどを)つける」。反対はturn off ~。

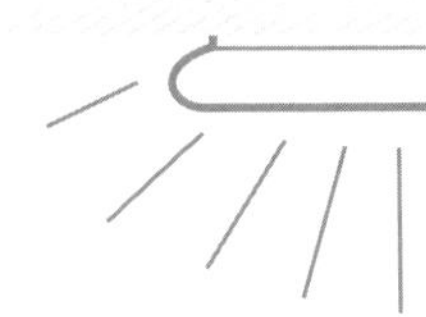

tips

6_「～の留守電にメッセージを残す」はleave a message on ~'s answering machine。

8_favorite は「大好きな、最も気に入っている」。

9_「ソフトをダウンロードする」は download software。

10_ play music は「音楽を演奏する」の意味でも使う。

6_ 留守番電話をチェックする

I check my answering machine.

7_ メールをチェックする

I check my email.（イーメィウ）

8_ お気に入りのアルバムを聴く

I listen to my favorite album.（ヴ）（エア）

9_ ウェブサイトから音楽をダウンロードする

I download music from a website.

10_ スマートフォンで音楽を再生する

I play music on my smartphone.

♪MP3 15

11_ テレビをつける

ヴィ
I turn on the television.

12_ テレビを見る

ヴィー
I watch TV.

13_ リモコンでテレビを操作する

I operate the TV by remote control.

カントゥロウ

14_ テレビ番組を録画予約する

I set the timer to record a TV show.

tips

12_「テレビを見る」場合は、lookやseeではなくwatchを使う。

13_ remoteは「遠隔の、遠く離れた」という意味。

14_「テレビやラジオの番組」はshowをよく使う。

tips

17_「～を更新する」はupdate。blogの発音を注意して聞こう。

18_ retweet a messageは「ツイッターでメッセージを再び投稿する、リツイートする」。

19_ video gameはarcade video game(ゲームセンターのゲーム)なども含む。

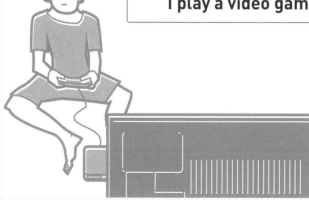

15_ YouTubeの動画を見る

ヴィディオウズ

I watch YouTube videos.

16_ オンラインで映画を見る

ヴィ

I watch a movie online.

17_ ブログを更新する

I update my blog.

18_ 投稿をリツイートする

I retweet a message.

19_ テレビゲームをする

ヴィディオウ

I play a video game.

♪MP3 15

20_ 小説を読む

I read a novel.（ナーヴォウ）

21_ 日記をつける

I write in my diary.

22_ スマホを充電する

I recharge my smartphone.

23_ 夜食を食べる

I have a midnight snack.（アイ ハヴァ ミッナイ）

tips

21_ diaryは「日記(帳)」。write in ~で「～に書き込む」。

22_ rechargeは「～に(再)充電する」。

23_ snackは「間食、軽食」。「夜食」はlate-night snackともいう。

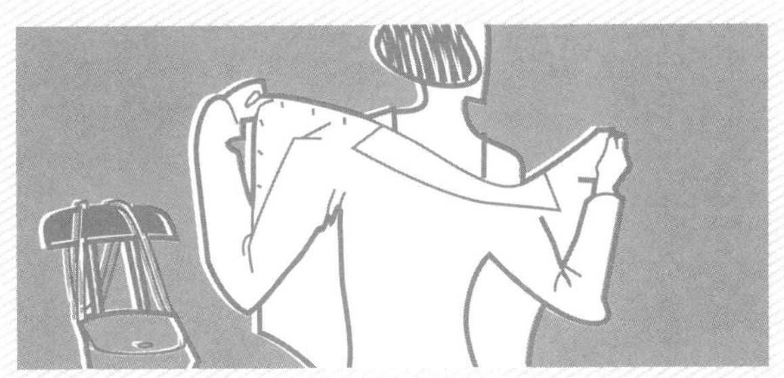

tips

24_「～を光るほど磨く」はshineを動詞として使う。

25_ removeの代わりにtake off ~ やwipe off ~（ぬぐい去る）、wash off ~（洗って落とす）も使える。

26_ take off ~ はput on ~（～を身に着ける）の反対語。

27_「自分の体重を測る」はweigh oneself。scaleは「はかり」。

24_ 靴をぴかぴかに磨く

I shine my shoes.

25_ 化粧を落とす

（ヴ）（メイカッ(p)）

I remove my makeup.

26_ 服を脱ぐ

（テイカー(フ)）

I take off my clothes.

27_ 体重を測る

（ウェイ）（スケイゥ）

I weigh myself on the scale.

♪MP3 15

28_ お風呂に入る

テイカ　ス
I take a bath.

29_ 体を洗う

ワシュ　マイセウ(フ)
I wash myself.

30_ 体をごしごし洗う

バーディ
I scrub my body.

31_ シャンプーする

I shampoo my hair.

32_ コンディショナーをつける

I put conditioner in my hair.

tips

28_「シャワーを浴びる」なら take a shower。

30_ scrub は「(固い物で)～をごしごし洗う、磨く」。

32_「コンディショナーを(髪から)洗い流す」は rinse the conditioner off (my hair)。

tips

33_ soakは「(液体に)つかる、入浴する」。

35_「〜を(カバーやふたで)覆う」はcover。例) cover my hair with a shower cap(シャワーキャップで髪を覆う)

37_「〜をマッサージする」はmassage。

33_ お湯につかる

ソウキン (ス)

I soak in the bath.

34_ バスタブから出る

ゲラウロ(ヴ)

I get out of the bathtub.

35_ 風呂にふたをする

I cover the bathtub.

36_ 風呂上がりにストレッチする

テイキンガ

I stretch after taking a bath.

37_ 筋肉をマッサージする

マソゥ(ズ)

I massage my muscles.

♪MP3 15

38_ お肌をお手入れする

I do my skincare routine. (routine: ルーティーン)

39_ 髪をくしでとく

I comb my hair. (comb: コウ(ム))

40_ マニキュアを塗る

I paint my nails. (nails: ネイゥ(ズ))

41_ 目覚ましを6時にセットする

I set the alarm clock for 6 o'clock.

42_ 寝床に就く

I go to bed.

tips

38_ routineは「いつも決まってやること、日課」。

39_ combは「～をくしでとく」。combのbは発音しない。

40_ paint(～に[化粧品や薬を]塗る)一語で表せる。

41_「～時に」はfor ~ o'clockと表す。

43_ ベッドに横になる

I lie in bed.

44_ 寝返りを打つ

I roll over in bed.

45_ 眠りにつく

I fall asleep.

46_ いびきをかく

I snore.

47_ 寝言を言う

I talk in my sleep.

tips

43_ lie は「横たわる、寝る」。

44_「寝返りを打つ」はroll（転がる）とover（ひっくり返して）で表現できる。

45_42の go to bed（寝床に就く）との意味の違いに注意。

46_「大いびきをかく」は snore loudly。

47_ ちなみに、「歯ぎしりする」は「歯を激しくこすり合わせる」でgrind my teeth。

Tweets／つぶやき表現

今日もおつかれ、夜のつぶやき

1

だれもまだ帰ってないな。

イエッ

Nobody's home yet.

be homeで「家にいる」。yetは「まだ」。 例）I'm home!（ただいま）／I'm almost home.（もう少しで家だ：p49㉑参照）

もうくたくただ。

イグザー(ス)ティッ(d)

I'm exhausted.

exhaustedは「疲れ切った、消耗した、へとへとの」。tiredよりも疲労困ぱいの度合いが強い。

3

おなかぺこぺこだ。

ヴィ

I'm starving.

starvingはもともとは「飢え死にしそうな、飢えた」だが hungry（おなかがすいた）の強調表現として、日常よく使われる。例）I'm starving. What's for dinner?（おなかぺこぺこ。夕飯は何？）

部屋が散らかってる。

メスィ

The room is messy.

messy は mess（散らかっていること、混乱）の形容詞。The room is a mess.と言ってもよい。

5

全然くつろげないよ。

エアロウ

I can't relax at all.

relax は「リラックスする、くつろぐ」。not ~ at allは「まったく～ない」という否定を強調する表現。

6

今日はメールないな。

No emails today.

No ~は「～がないな」というつぶやきにもなれば、相手に「～（するの）はだめ」と禁止する一言にもなる。例）No running.（走ってはだめ）

7

この本読み終えちゃおう。どこまで読んでたっけ？

ワザーイ

I'll finish this book. Now, where was I?

丸覚え表現 Where was I?（どこまで読んだっけ／話したっけ？）
直訳は「私はどこにいましたか？」。読書や会話などを中断し再び戻ろうとするものの、どこまで読んだか（話したか）わからなくなったときなどに使う。会議などでは Where were we?と言う。

I'll の willは「～しよう」という意志。finishは「～を終える、片づける」。finish a book は、状況によっては「本を書き終える」の意味にもなる。例）finish a task（仕事をすませる）

♪MP3 16

8

あ、ネットオークションであの古いレコード入札するの忘れちゃった。

オゥ(d)

Oh, I forgot to bid for that old record on the online auction.

入れ替え表現 I forgot to ~（～するのを忘れた）➡ p13参照
bid for ~ は「(競売などで) ～に入札する、値をつける」。「ネットの」は online。

9

もうネットなしじゃ生きていけない!

イナネッ

I can't live without the internet.

without ~ は「～なしで、～がなかったら」。

私、ツイッター依存症かな?

トゥウィラー

I wonder if I'm addicted to Twitter.

入れ替え表現 I wonder if ～（～かなあ）➡ p13参照
addicted to ~ は「～中毒で、～依存症で」。例) He was addicted to alcohol.（彼はアルコール依存症だった）

11

番組ちゃんと録画できたかな。

I wonder if the program was recorded properly.

「ちゃんと」は properly（きちんと、適切に、正確に）で表現。例) She is properly educated.（彼女はきちんとした教育を受けている）

12

CMは飛ばして見よう。

I'll skip the TV(ヴィ) commercials.

「飛ばす」は skip（～を省略する、抜かす）を使う。例）I'll skip dessert.（デザートは要りません）

13

『LAリーガル』ってすっごく面白い。

***L.A. Legal*(エレイリーゴゥ) is great!**

greatは「すごい、素晴らしい」。

14

この連ドラに今はまってるんだよねえ。

I'm addicted(アディ(ク)ティッ) to this drama series now.

addicted to ~ は⑩で紹介した意味のほか、「（非常に楽しい娯楽に）はまっている、やみつきになっている」という意味でも日常会話の中でよく使われる。

15

次の回が待ち遠しいなあ。

I can't wait to watch the next episode(エペソウ(d)).

I can't wait to ~ で「～するのが待ちきれない」→「～したくてたまらない」という意味。例）I can't wait to go to Paris.（パリに行くのが待ち遠しい）「（ドラマなどの）1回分」は episode。

16

あの女優が恋人とまた別れた？　どうでもいいよ。

The actress and her lover broke up again? I don't care.

丸覚え表現 **I don't care.**（どうでもいい、知ったことじゃない）
careは「関心がある、気にする、重要視する」。例文のように否定文や疑問文になることが多い。冷淡に愛想を尽かしたり、開き直ったりするニュアンスでよく使われる。Who cares?（誰が気にするの？ → 誰も気にしない、誰が気にするもんか）でも同じ意味。

broke は break の過去形。break up で「（男女が）別れる」。The actress broke up with her lover again? とも言える。broke upはつなげてなめらかに言ってみよう。

17

いいとこ突いてる。このコメンテーター頭いいなあ。

カーメンテイラー

Good point. This commentator is very smart.

丸覚え表現 **Good point.**（なるほど、もっともだ）
相手の意見に「確かにそうだ」「一理ある」と納得させられたときに使う表現。

「頭が切れる、頭の回転が速い」は smart。smartには「体型がやせている」の意味はない。外見について smartと言えば「（服装が）パリッとしている、おしゃれな、洗練された」の意。「やせている」は slim、slenderを使う。

18

やだ、太っちゃった。

ウェイ(t)

Oh, no! I gained weight.

gain は「～を増す」。weight は「体重」。「体重が減る」は lose weight。

19

ダイエットしなきゃ。

ハフタ　ゴウ　アナ

I have to go on a diet.

入れ替え表現 I have to ～ （～しなくちゃ） ➡ p12参照

go on ~ は「～を始める・続けていく、～にまい進する」。

20

夜食食べようかな？　いや、やめとこ。

レイナイ

Should I have a late-night snack?

No, I shouldn't.

入れ替え表現 I should ～ （～した方がいい） ➡ p12参照

late-nightは「深夜の」。midnightでも同じ。snackは「間食、軽食」。

♪MP3 16

21

爪切らなきゃ。

クリッマイ

I have to clip my nails.

「爪を切る」は clip（<はさみなどで>～を短く切りそろえる）を使う。

熱いお風呂にゆっくりつかりたい。

ハヴァ　　　　　　　　　　　　　ス

I'd like to have a nice long hot bath.

入れ替え表現 I'd like to ～（～したい）➡ p11参照
例文を直訳すると「すてきで長い熱いお風呂に入りたい」。niceは快適さを表す形容詞を強調するときに添えることがある。

お風呂につかりながら本を読むのが好き。

I like reading a book in the bathtub.

入れ替え表現 I like ～ing（～するのが好き）➡ p11参照
「お風呂につかりながら」は in the bathtub（浴槽の中で）と言えばよい。

シャワーの出が悪いな。

The shower isn't working right.

「出が悪い」は「シャワーがちゃんと機能していない」と言えばよい。work は「機能する」。right は副詞で「適切に、正しく」。

25

お肌はあんまり強くこすっちゃだめなんだよね。

ベラーナッ

I'd better not rub my skin too hard.

入れ替え表現 I'd better 〜（〜した方がいい）➡ p12参照

「〜しない方がよい」、つまりI'd betterの否定形はI'd better not ~となる。「〜をこする、磨く」はrub。「固い物でごしごしこする」はscrub。

26

風呂上がりにはビールが飲みたい！

ビア ㋜

I'm dying for a beer after that bath!

dying for ~は「〜が死ぬほど欲しい」。a beerで「一杯のビール」。

27

〈ビールを一杯飲んだ後〉うーん、生き返るなあ。

Ahh! I feel so refreshed!

入れ替え表現 I feel 〜（〜な気分だ）➡ p13参照

refreshedは「再び元気が出て、気分がすっきりして」。気持ちを込めて言おう。

28

今夜は熱帯夜になりそうだ。

ハーッ ナイッ トゥナイ

It's going to be a hot summer night tonight.

I'm going to ~は「〜するつもりだ」だが、このIt's going to be ~は「〜という状態になりそうだ」。「熱帯夜」はhot summer night。

♪MP3 16

29

エアコン強くしよう。

I'll crank up the air-conditioner.（カンディシャナー）

その場で思いついて「(すぐ) 〜しよう」と言うときは、I'm going to ~ ではなく I'll を使う。crank up は「(機器の) 強度・音量・速度などを上げる」。

枕カバーがこわごわする。

The pillowcase is so stiff.

stiffは「固い、こわばった、ごわごわする」。

柔軟剤入れ忘れたかな？

Did I forget to add（エア） softener（サーフナー）?

soften は「〜を柔らかくする」。それに「〜する物（人）」の意の -erを付けて「柔らかくするもの」→「柔軟剤」となる。

彼女、また寝言言ってる。

Oh, she's talking in her sleep again!

「寝言を言う」は talk in ~'s sleep（眠りの中でしゃべる）という表現を使う。

33

きっと疲れてるんだよ。

マスビー

She must be very tired.

助動詞 must には「～しなければならない」という義務の意味のほかに「～に違いない、～のはずだ」の意味もある。例）It must be true.（それは真実に違いない）

34

私、眠りが浅い人なのよねえ。

I'm a light sleeper.

反対に「ぐっすり眠る人」は heavy sleeper。

35

いい夢が見られますように。

ハヴァ

I hope I have a good dream.

入れ替え表現 I hope ～（～だといいな）➡ p13参照
「すてきな夢を」「おやすみなさい」は Sweet dreams. という決まり文句がある。sweet の代わりに pleasant（楽しい、愉快な）を使って Pleasant dreams.とも言える。

Quick Check ／ Chapter 8に出てきたフレーズの復習

以下の日本語の意味になるよう英文を完成させてください。答えはページの下にあります。

❶もうくたくただ。➡P190
I'm (　　　).

❷着替える。➡P180
I (　　　) (　　　).

❸今日はメールないな。➡P191
(　　　) (　　　) today.

❹この連ドラに今はまってるんだよねえ。➡P193
I'm (　　　) to this (　　　) (　　　) now.

❺ブログを更新する。➡P183
I (　　　) my (　　　).

❻ダイエットしなきゃ。➡P195
I have to (　　　) (　　　) (　　　) (　　　).

❼熱いお風呂にゆっくりつかりたい。➡P196
I'd like to (　　　) a nice (　　　) (　　　) (　　　).

❽夜食を食べる。➡P184
I have a (　　　) (　　　).

❾今夜は熱帯夜になりそうだ。➡P197
It's (　　　) (　　　) be a (　　　) (　　　) night tonight.

❿私、眠りが浅い人なのよねえ。➡P199
I'm a (　　　) (　　　).

❶exhausted
❷change/clothes
❸No/emails
❹addicted/drama/series
❺update/blog
❻go/on/a/diet
❼have/long/hot/bath
❽midnight(late-night)/snack
❾going/to/hot/summer
❿light/sleeper

Dialogues
／
～会話にトライ！～

本書に出てきた
さまざまなフレーズは、
もちろん日常会話でも
使えるものばかり。

各チャプターに2つずつ、
会話形式のストーリーを用意しました。
音声に合わせて
繰り返し練習しましょう。

Skit / 会話

朝の会話を聞いてみよう

❶ 目覚めれば、いたれりつくせりの朝

♪MP3 17

Man : Good morning. How did you sleep?❶

Woman : **It's already 7 o'clock? Oh my gosh! I overslept,** but **I'm still sleepy.**

M : Well, **it's a beautiful day.** Can I❷ make you some eggs, sunny-side up?

W : Sure, but **I prefer scrambled eggs to sunny-side up eggs.**

M : No problem,❸ I can do that too.

W : **I want a cup of coffee. ... Wow, this coffee is too hot!**

M : Sorry about that. Here, drink this juice while❹ the coffee cools down.❺

男性 : おはよう。よく眠れた？

女性 : もう7時なの？ どうしよ、寝過ごしちゃった！　でもまだ眠い〜。

男 : ねえ、今日はいい天気だよ。卵焼こうか、目玉焼きはどう？

女 : うん、でも目玉焼きよりスクランブルエッグの方がいいんだけど。

男 : わけないさ、それも作れるから。

女 : コーヒー飲みたいわ…う、このコーヒー熱過ぎ！

男 : ごめん。さあ、コーヒーが冷めるまでこのジュース飲んでて。

【語注】

❶ How did you sleep?: ※「どう眠りましたか？」から「よく眠れましたか？」の意味に。

❷ Can I ~?: 〜しましょうか？

❸ No problem.: 大丈夫。、問題ない。

❹ while ~: 〜の間

❺ cool down: 冷める、冷え込む、弱まる

❷ ちょっぴり不調な朝もある

♪MP3 18

Man : Good morning. Can I make you some breakfast?

Woman : Good morning. No, thanks.❶ **I have no appetite**; I'm too nervous about❷ my job interview.❸

M : Just relax.❹ I'm sure you'll be great.

W : I hope so, but look, **this shirt is wrinkled** and **this skirt feels tight. Oh, a button is missing**, too.

M : Are you sure you don't want to eat?

W : No thanks. I'm going to **skip breakfast** today.

M : OK, well, don't forget to **take your umbrella**.

W : **Oh, no. It's raining again?**

男性 : おはよう。何か朝食作ろうか?

女性 : おはよう。ごはんはいらないわ。食欲ないの。就職の面接があるから緊張しちゃって。

男 : 気を楽にして。絶対うまくいくよ。

女 : そうだといいんだけど、でも見て、シャツはしわしわだし、スカートはきつきつだし。あ、ボタンも1つ取れてる。

男 : 本当に食べたくないの?

女 : うん、いらない。今日は朝ごはんは抜くことにする。

男 : オーケー、じゃ、傘持ってくの忘れないでね。

女 : ええ〜っ。また雨降ってんの?

【語注】

❶ No, thanks.: けっこうです。

❷ nervous about ~: ~に緊張して

❸ job interview: 就職面接

❹ relax: 気を楽にする、くつろぐ

Skit ／ 会話

通勤の話題を聞いてみよう

❶ 通勤するだけで一仕事

♪MP3 19

Woman : Hello, how was your day?❶

Man : Not bad. The train was delayed❷ so there were a million❸ people **waiting for the train on the platform.**

W : Oh. That's not good.

M : When it finally❹ arrived, **I got on the train. I looked for a seat** and was lucky enough to find one.

W : Great!

M : But then I noticed❺ **an old lady standing in front of me.**

W : **Did you give your seat to her?**

M : Yes. Fortunately I didn't have to stand for too long, though, because **I got off the train at my stop** five minutes later.❻ But **yuck, I hate riding on crowded trains.**

女性：おつかれさん、今日はどんなだった？

男性：まあまあかな。電車が遅れて、ホームは待ってる人であふれてたよ。

女：あら、それは困るわねえ。

男：やっと電車が来て乗ったんだよ。席を探したらラッキーなことに1つ空いててさ。

女：よかったじゃない！

男：とその時、目の前に老婦人が立ってるのに気づいたんだ。

女：席を譲ってあげた？

男：うん。だけど幸いそんなに長くは立たないですんだよ。5分後にはいつもの駅で降りたからね。でもやだねえ、込んでる電車に乗るのはほんと嫌だ。

【語注】

❶ How was your day?: 今日はどうでしたか？（決まり文句）
❷ delayed: 遅れて
❸ a million: 多数の（million［100万の］にはこの意味もある）
❹ finally: ついに
❺ notice: 気づく
❻ ~ later: ～後に

❷ いいことずくめの自転車通勤だけど…

♪MP3 20

Woman : You're in the office earlier than usual[1] today.

Man : Yes, **I rode my bike to the station.**

W : That's good thinking.

M : Well, it's good exercise and I can save time.[2]

W : **I drive to work,** but **the traffic is heavy** every day. **I hate morning traffic jams.** Then once[3] I get to work,[4] I always have to think about **where I can park.**

M : Could you ride a bicycle to work?

W : The brakes don't work well on my bicycle, so I don't even want to try it.

女性 : 今日、会社に来るのいつもより早いじゃない。

男性 : うん、駅まで自転車使ったんだ。

女 : それはいい考えね。

男 : そうだね、いい運動になるし時間も短縮できるし。

女 : 私は車通勤なんだけど、毎日渋滞がひどくて。朝の渋滞って嫌だわあ。そして職場に着いたら着いたで、いつもどこに車を止めるか考えなきゃならないし。

男 : 自転車で通勤できるんじゃないかな？

女 : 私の自転車、ブレーキがよくかからないから、乗ってみる気にもならないわ。

【語注】

❶ earlier than usual：いつもより早く

❷ save time：時間を節約する

❸ once ~：いったん～ということになると

❹ get to work：職場に着く

Skit／会話

オフィスの会話を聞いてみよう

❶ 会議で私、何をやればいいんですか？

♪MP3 21

Boss : Are you ready to❶ go into the meeting?

Subordinate : Yes, but **I always get nervous at meetings.** Oh, I **have a question.** What's my role❷ in this meeting?

B : **I will greet the client** and **will introduce myself. Then I will introduce you as my assistant to the client.** Then **we'll exchange business cards with the client.**

S : Of course.❸

B : After that, **I will negotiate the contract.** I'd❹ mainly❺ like your help as **we set up the contract.**

S : Of course.

B : **We will take a break** for lunch around noon.❻

上司：会議に入る準備はできた？

部下：ええ、でも会議ではいつも緊張しちゃうんです。あの、質問なんですけど、会議での私の役目は何ですか？

上：私がクライアントにあいさつして自己紹介する。それから君をアシスタントとして先方に紹介する。そして名刺交換だ。

部：そうですね。

上：それから、契約の交渉に入る。君には主に契約を取り結ぶ段階になって手伝ってもらいたい。

部：なるほど。

上：12時ごろにランチ休憩を取ろう。

【語注】

❶ Are you ready to ~ ?: 〜する準備はできている？

❷ What's my role?: 私の役割は何ですか？

❸ Of course.: なるほど。、そうですね。

❹ I'd like ~: 〜が欲しいのですが (I'd = I would)

❺ mainly: 主に

❻ around noon: 正午ごろに

❷ おっと、パソコンが！

♪MP3 22

Woman : Are you OK? You look confused.❶

Man : **I'm extremely busy today.** And these spreadsheets❷ aren't helping.❸

W : Can I help you?

M : That would be great. **I can't understand how to use Excel at all. Jeez, I'm confused.**

W : I'll take care of❹ that.

M : Thanks. Let me❺ get❻ you the data. **Oops, my computer has shut down!**

W : **Did you save the file?**

M : I'm not sure! But fortunately, **I installed a software application** recently, and **it backs up my files** to an external❼ server every❽ 10 minutes.

W : Then there is nothing to worry about.

女性 ：大丈夫？　混乱してるみたいだけど。

男性 ：今日は超忙しい。スプレッドシート、役に立たないし。

女 ：手伝おうか？

男 ：頼む。エクセル全然使えなくて。ああ、わからない。

女 ：それ、私がやるわ。

男 ：ありがと。データ渡すね。あ、パソコンが落ちた！

女 ：ファイルは保存した？

男 ：さあね！　運よく、最近入れたソフトが10分ごとに外部サーバーにバックアップするんだ。

女 ：じゃあ心配ないわね。

【語注】

❶ look confused: 混乱しているように見える
❷ spreadsheet: 表計算ソフト、スプレッドシート
❸ help: 役に立つ
❹ take care of ~: ～の面倒を見る
❺ let me ~: 私に～させて
❻ get ~ ... : ～（人）に…を渡す
❼ external: 外部の
❽ every ~: ～ごとに

Skit／会話

家族の会話を聞いてみよう

❶ 料理下手の定番メニューと言えば…

♪MP3 23

Man：What's for dinner?

Woman：Well, you know[1] **I'm not a good cook** but I can make curry.

M：That sounds good.[2] Maybe you can[3] show me how to make it.[4]

W：It's not hard. **I peel the potatoes.** Then **I chop the onions** and **I dice the carrots.** After that **I sauté the vegetables.** And ... well, the rest[5] is easy.

M：Can I help?

W：Sure. Just **put the pan on the stove** and lightly **grease it.** That would be really helpful.

M：After dinner, I'll **do the dishes.**

W：Thank you.

男性：晩ごはんは何？

女性：えっと、私って料理得意じゃないでしょ、でもカレーなら作れるわ。

男：いいね。作り方教えてもらえるかな。

女：難しいことないわ。ジャガイモの皮をむいて、タマネギを刻んでニンジンをさいの目に切る。それから野菜を炒めて…そうね、後は簡単よ。

男：手伝おうか。

女：ええ、お願い。鍋をコンロに置いて油を薄く引いてちょうだい。そしたらすごく助かる。

男：食べ終わったら、お皿は僕が洗うよ。

女：ありがとう。

【語注】

❶ you know ~：ご存じのとおり～だ

❷ That sounds good.：それはよさそうだ。

❸ maybe you can ~：～してくれるかな（軽く頼む感じ。maybe は「もしかしたら」）

❹ how to make it：それの作り方

❺ rest：残り

❷ 入念な家事分担プラン

♪MP3 24

Woman：We need to[1] **clean this house.**

Man：Let's do it this weekend. Who should do what?[2]

W：**I'll mop the floor** if **you'll vacuum the carpet.**

M：OK, **I can wipe the windows** too; I just need to **wet a cloth in a bucket.**

W：Can you also **separate the trash** and then **take it out**?

M：Sure.

W：While[3] you're doing that **I'll scrub the bathtub** and **do the laundry.**

M：Oh, don't forget to **add softener. I'll hang the laundry up to dry** when it's finished.[4]

女性：この家、掃除しなきゃね。

男性：今週末にやろう。だれが何をやる？

女：あなたがカーペットに掃除機かけてくれたら、私が床にモップをかけるわ。

男：オーケー、僕は窓もふくよ。雑巾をバケツに入れてぬらせばいいんだよね。

女：ゴミを分別して出すのもやってくれない？

男：わかった。

女：その間、私は浴槽を磨いて洗濯をするわ。

男：あ、柔軟剤入れるの忘れないでね。君の洗濯が終わったら、干すのは僕がやるよ。

【語注】

❶ need to ~：～する必要がある

❷ Who should do what?：だれが何をやる？（尋ねることが複数あるとき、このように疑問詞が文頭でない位置にくることもある）

❸ while ~：～している間に

❹ when it's finisned：それが終わったときに

Skit／会話

買い物の一幕を聞いてみよう

❶ お客様、残高はマイナスでございます

♪MP3 25

Woman : Welcome to Savings Bank.❶ How can I help you?❷

Man : **I can't remember my PIN number**, so I need to **change it.**

W : No problem.

M : **Now I'd like to check the balance of my account.**

W : Sir, **there's no more money in your bank account**, and **your account is overdrawn.**

M : What? Uh-oh. Then I need to **deposit money into my account**, because **I pay the rent by automatic bank payment.** Wow. I'm really low on❸ money. **How can I live until next payday?**

W : If you'd like **you can apply for a bank loan.**

M : I think I need to do that.

女性：貯蓄銀行へようこそ。ご用件を承ります。
男性：暗証番号を思い出せないんです。だから変更しないと。
女：おやすい御用です。
男：ところで口座の残高を知りたいんですけど。
女：お客様、口座にはもうご預金はございません。残高はマイナスでございます。
男：なんだって？　あ〜あ、じゃあ口座にお金を入れないと。家賃が自動引き落としだからね。まいったなあ、まじでお金がないよ。次の給料日までどうやって暮らせばいいんだ？
女：よろしければ銀行ローンをご利用できますが。
男：どうやらその必要がありそうだ。

【語注】

❶ Savings Bank：貯蓄銀行（savingsは「貯金、蓄え」）

❷ How can I help you?：※「どう手伝いましょうか?」から、店員や業者のあいさつの言葉に。

❸ low on ~：〜が少ない、十分でない

❷ 特売品を探して

♪MP3 26

Woman : What's on sale today?

Man : Well, we're selling this beef at half price.

W : Hmm, I don't know. How about[1] your fish? Is this *sashimi* fresh enough?

M : Oh yes, it's very fresh.

W : Well, I like just looking around. I don't have much money, so I was hoping I could find a bargain.

M : Of course. Take your time and[2] look around the shop.

W : I can't decide what to get, this chicken or that fish. I was wondering if you could give me a discount.

M : I think we can discount[3] the chicken.

W : Oh really? Great! I want this then.

女性：今日は何が安いの？

男性：そうだね、この牛肉が半額だよ。

女：う～ん、どうかしら。魚は？　このお刺身は新鮮なの？

男：そりゃもう、すごく新鮮だよ。

女：あの、私ただぶらぶら見て回りたくて。あんまりお金がないから、何か特売品がないかと思ったのよ。

男：なるほどね。ゆっくり見て回ってよ。

女：この鶏肉とあの魚だと、どれを買ったらいいのか迷っちゃう。安くしてくれるとうれしいんだけど。

男：鶏肉なら安くできるよ。

女：ほんと？　やったあ！　じゃあこれくださいな。

【語注】

❶ How about ~ ?: ～はどうですか？

❷ Take your time and ~: ゆっくり～して（Take your time. だけで「ごゆっくり」の意味になる）

❸ discount: ～を値引きする

Skit／会話

ディナーの話題を聞いてみよう

❶ 外でごはん食べない？

♪MP3 27

Man：Do you want to[1] go out to eat?

Woman：Sure. **How about Italian?**

M：I had Italian food for lunch. **I'd like to try the Korean restaurant** on the corner.[2]

W：Great. I think **it's all-you-can-drink** there tonight.

M：OK, **I'll make a reservation.**

W：**I wonder if a reservation is necessary.**

M：Well, it just opened so I want to be on the safe side.[3]

W：OK, **we'll split the bill.**

M：No, no. **I'll buy you dinner.**

男性：外に出てごはん食べない？
女性：そうね。イタリアンはどうかしら。
男：ランチにイタリアン食べたんだ。角の韓国料理店に行ってみたいんだけど。
女：いいわね。あそこは確か今夜、飲み放題よ。
男：オーケー。予約しとくよ。
女：予約が必要かしら。
男：ほら、あそこはオープンしたばっかりだろ、大事を取りたいんだ。
女：了解、割り勘にしましょう。
男：いやいや、夕飯はおごるよ。

【語注】

❶ Do you want to ~ ?：～しない？
❷ on the corner：街角の、角の
❸ on the safe side：大事を取って、安全策を取って（直訳は「安全な側にいて」）

❷ 3名様、お通しします

♪MP3 28

Woman : Good evening. How many people are[1] in your party?[2]

Man : There are three of us, and **I'd prefer a table by the window.**

W : I'm sorry, **they're all full now.**

M : Well, I guess[3] anywhere[4] will be OK, but **we don't want to share a table.**

W : That's not a problem, sir... here's[5] your table.

M : Do you have beer on tap?[6]

W : Absolutely,[7] **and the beer is nice and cold.**

M : Great, three beers please. **What's the special today?**

W : It's a sushi platter.[8]

M : No thanks, **I'm not fond of raw seafood.**

女性 : いらっしゃいませ。何名様でいらっしゃいますか。
男性 : 3人です。できれば窓際の席がいいんだけど。
女 : 申し訳ございません、ただいま満席でございます。
男 : そうかあ、じゃあどこでもいいけど、相席は勘弁してね。
女 : その心配はございません、お客様…こちらへどうぞ。
男 : 生ビールある?
女 : ございますよ、よく冷えております。
男 : そりゃいい、ビール3つね。今日のお薦めは何?
女 : おすしの盛り合わせでございます。
男 : それはやめとこう。生の魚介類は苦手でね。

【語注】

❶ How many people are ~?: ～は何人ですか?
❷ party: 一行、一団
❸ I guess ~: ～だと思う
❹ anywhere: どこでも(ここでは名詞)
❺ here's ~: ここが～です
❻ beer on tap: 生ビール(tapは「(たるの)栓」)
❼ Absolutely.: ありますとも。、そうですとも。(前の文を受けて自信をもって返事する際に使う)
❽ platter: 大皿

Skit／会話

遊びの予定を聞いてみよう

❶ 公園より遊園地で遊びたい！

♪MP3 29

Man：Let's make a plan for tomorrow.

Woman：That sounds good. What should we do?

M：We can take a walk in the park.

W：Hmm, I think I'd rather go to an amusement park.

M：If we do that❶ we'll have to wait in line for tickets.

W：Yes, but I love riding the roller coaster, and that new scary ride is really thrilling. I also like going into the haunted house.

M：OK, maybe I can buy the tickets online.

W：I can't wait.

男性：明日の予定を立てようよ。

女性：いいわね。何をする？

男：公園で散歩するとか。

女：そうねえ、私は遊園地に行きたいなあ。

男：それだと、チケット買うのに並ばないといけないよ。

女：うん、だけど私、ジェットコースターに乗るのすっごく好きなのよ。そこの新型絶叫マシーンがもうスリル満点で。それにお化け屋敷も好きだし。

男：わかった。チケットはネットで買えるかもしれない。

女：すっごく楽しみ。

【語注】

❶ If we do that：もしそれをするなら

❷ 映画を観に行こう

♪MP3 30

Woman：Do you want to **go to a movie** tomorrow?

Man：**What's playing now?**

W：A Coen Brothers[1] movie. Do you enjoy their movies?

M：**Well... they're very unique. Who's in it?**

W：George Clooney.[2]

M：OK, I like his acting,[3] so that **sounds interesting.**

W：**I wonder if tomorrow is Ladies' Day.**

M：I don't think so. Do you know what the weather will be like?[4]

W：**It won't rain tomorrow. I'm positive.**

女性：明日は映画に行く？
男性：今、何やってるの？
女：コーエン兄弟の映画。彼らの映画は好き？
男：そうねえ…独特だよねえ。だれが出てるの？
女：ジョージ・クルーニーよ。
男：オーケー、彼の演技は好きなんだ、面白そうじゃないか。
女：明日はレディースデイだったかしら。
男：違うと思うけど。天気はどうなるか知ってる？
女：明日は降らないわ。絶対よ。

【語注】
❶ Coen Brothers：コーエン兄弟（共同名義で映画制作・監督を務めるアメリカ人兄弟）
❷ George Clooney：ジョージ・クルーニー（アメリカの大物俳優）
❸ acting：演技、芝居
❹ what the weather will be like：天気がどんな風になるか

Skit ／ 会話

眠さに負けず聞いてみよう

❶ テレビより何よりとにかく眠い

♪MP3 31

Man : **I'm exhausted.** I want to **take a bath** and **go to bed.**

Woman : Aren't you interested❶ in this TV program? **I'm addicted to this drama series now.** ***L.A. Legal*** **is great! I can't wait to watch the next episode.**

M : **I like reading a book in the bathtub** more than watching television. Anyway, I need some sleep.

W : **It's going to be a hot summer night tonight,** so **I'll crank up the air-conditioner** in the bedroom.

M : Thanks. By the way, **I'm a light sleeper** so can you keep the volume down?❷

W : OK, **sweet dreams.**

男性 ： もうくたくただ。風呂入って寝たいよ。

女性 ： このテレビ番組に興味ない？　今、この連ドラにはまってるの。『LAリーガル』すっごく面白いわよ！次の回が待ちきれない。

男 ： 僕はテレビ観るよりバスタブにつかって本でも読む方が好きだね。とにかく、眠りたいんだ。

女 ： 今夜は熱帯夜になりそうだから、寝室のエアコンを強くしとくわ。

男 ： ありがと。ところで、僕は眠りが浅いからテレビのボリューム下げといてくれるかな。

女 ： わかったわ。お休みなさい。

【語注】

❶ Aren't you interested in ~ ?:～に興味はないですか？

❷ keep the volume down:ボリュームを下げたままにしておく

❷ 夕べは何してたの？

♪MP3 32

Mother : What did you do last night?[1]

Son : **I came home** late and then **I changed my clothes** and **just relaxed**. Why?

M : I called you at around 11 p.m.

S : **I was listening to my favorite album** with headphones on.[2] **I play music on my smartphone** so that I don't[3] disturb[4] my neighbors.

M : Oh, that explains it.[5]

S : After listening to my music, **I watched a movie online** and **I checked my email.**

M : I think **you're addicted to** the internet.

S : That might be true. **I couldn't live without the internet.** That's where[6] I buy my music. **I download my music from a website.**

母：夕べは何してたの？

息子：帰りが遅くて、着替えてひたすらまったり。なんで？

母：11時くらいに電話したんだけど。

息子：ヘッドフォンつけて好きなアルバム聴いてた。近所迷惑になっちゃいけないから、音楽はスマホで聴くんだよ。

母：ああ、それで納得。

息子：音楽聴いてオンライン映画を観てメールチェックした。

母：あんたインターネット依存症じゃないの。

息子：そうかも。もうネットなしじゃ生きていけないよ。音楽買うのもネットだからね。サイトからダウンロードしてさ。

【語注】

❶ last night: 昨晩

❷ with ~ on: ～をつけて

❸ so that ~ not ...: ～が…しないように

❹ disturb: ～の邪魔をする、～を悩ませる

❺ That explains it.: それでわかった。(explain は「～の原因の説明となる」)

❻ That's where ~.: そこが～するところだ。

丸覚え表現 49

「つぶやき表現」の中の「丸覚え表現」をまとめて紹介。
どんなシーンに出てきたか思い出しながら、英語で言えるように練習しよう。

chapter ❶ 朝

□ 寝過ごしちゃった。	I overslept.	P027

chapter ❷ 通勤

□ うそ！、まさか！	No way!	P045
□ それはまずい考えだ。	Bad idea.	P046
□ 降りまーす！	Excuse me!	P048

chapter ❸ 仕事

□ 間に合った！	I made it!	P064
□ ばかげてる！、とんでもない！	Ridiculous!	P065
□ すぐやります。	I'm on it.	P066
□ わからなくなった。	I'm confused.	P068
□ 全然わからない。	Beats me.	P070

□ 例えばどんな？	Like what?	P072
□ 言いたいこと、わかるでしょ？	You know what I mean?	P072
□ どうして私なの？	Why me?	P074
□ またか！	Not again!	P074
□ よくやった！、お見事！	Well done!	P075
□ いい仕事したね！、おつかれ！	Good job!	P075
□ やっぱりね。	I knew it.	P077
□ がんばって！	Good luck!	P078
□ 本気ですよ。	I'm serious.	P080
□ パーッとやろう。	Let's party.	P081

chapter 4 家事

□ すごい散らかりようだ！	What a mess!	P096
□ ちょっとわからない。、どうかなあ。	I'm not sure.	P100
□ 面倒くさいなあ！	What a bother!	P100
□ しょうがない。	I can't help it.	P106

□ すっからかんだ。	I'm broke.	P107

chapter 5 買い物・用事

□ かっこいい。、すごい。	Cool.	P125
□ 本気なの？、マジ？	Are you serious?	P126
□ ちょっとー。、やだなー。	Come on.	P127
□ お買い得でしたね。	Good buy.	P128
□ 当たり！	Bingo!	P129
□ すごい！	Incredible!	P131

chapter 6 外食

□ どこが違うの？	What's the difference?	P147
□ おいしい！	Delicious!	P149
□ これ、大好き。	I love this.	P150
□ これだけ？	Is that all?	P151
□ お腹いっぱい。	I'm full.	P151

chapter 7 レジャー

□ 楽しみ！	I can't wait!	P164
□ 面白そう。	Sounds interesting.	P166
□ 素晴らしい！	Amazing!	P167
□ もうたくさんだ	I've had enough.	P168
□ 冗談じゃないよ。、本当だよ。	I mean it.	P169
□ 悪くないね。、やるじゃないか。	Not bad.	P170
□ 絶対です。	I'm positive.	P172
□ もうこんな時間だ。	Look at the time.	P173
□ 時のたつのは早いね。	Time flies.	P174
□ もう行くね。、さよなら。	I'm off.	P175
□ 電話して。、連絡して。	Call me.	P175

chapter 8 夜

□ どこまで読んだっけ（話したっけ）？	Where was I?	P191
□ どうでもいい。、知ったことじゃない。	I don't care.	P194
□ なるほど。、もっともだ。	Good point.	P194

監修・辰巳友昭（たつみともあき）

桐朋中学高等学校教諭。上智大学外国語学部英語学科卒業。米国ジョージタウン大学大学院言語学部にて修士号取得。専門は第二言語習得と英語教授法。初級者への英語教育に精通している。「スタディサプリEnglish」（リクルート）初級講師。著書『英検準２級をひとつひとつわかりやすく』（学研プラス）他、共著、監修、編集協力など多数。

発音解説・遠山道子（とおやまみちこ）

上智大学大学院にて博士号（言語学）を取得。現職は、文教大学経営学部准教授。専門は第二言語習得および応用音声学。共著に『英会話スピードマスタードリル』『英語発音のツボドリル』（以上アルク）など。

改訂版

もっとやさしい起きてから寝るまで英語表現600

本書は2010年刊行『もっとやさしい起きてから寝るまで英語表現600』を一部見直し、改訂したものです。

発行日：2021年３月25日
2021年11月16日（第2刷）

監修：辰巳友昭
企画・編集：株式会社アルク 出版編集部
英文作成・英文校正：Joel Weinberg、Owen Schaefer、Peter Branscombe

AD：細山田光宣
本文デザイン：室田潤（細山田デザイン事務所）
表紙イラスト：白根ゆたんぽ
本文イラスト：石坂しづか（単語編）、飯山和哉（動作表現）

ナレーション：Jack Merluzzi、Julia Yermakov、Josh Keller、
Jon Mudryj、Jennifer Okano、島ゆうこ、水月優希
録音・編集：株式会社メディアスタイリスト、
一般財団法人 英語教育協議会（ELEC）、高木弥生

DTP：朝日メディアインターナショナル株式会社
印刷・製本：日経印刷株式会社

発行者：天野智之
発行所：株式会社アルク
〒102-0073　東京都千代田区九段北4-2-6市ヶ谷ビル
Website：https://www.alc.co.jp/

地球人ネットワークを創る

アルクのシンボル
「地球人マーク」です。

Printed in Japan.　PC: 7021020
ISBN 978-4-7574-3681-7